Hans Hollenstein

Strategieentwicklung für Kirchgemeinden

TVZ

Hans Hollenstein

Strategieentwicklung für Kirchgemeinden

Ein Leitfaden

EDITION NZN
BEI TVZ
Theologischer Verlag Zürich

Der Theologische Verlag Zürich wird vom Bundesamt für Kultur
für die Jahre 2026–2028 mit einem Strukturbeitrag unterstützt.

Die Katholische Kirche im Kanton Zürich hat dieses Buch
mit einem Publikationszuschuss gefördert.

Die Deutsche Bibliothek verzeichnet diese Publikation in der Deutschen Nationalbibliografie; detaillierte bibliografische Daten sind im Internet über http://dnb.d-nb.de abrufbar.

Umschlag: Simone Ackermann, Zürich
Satz: Claudia Wild, Konstanz
Druck: gapp print, Wangen-Oflings

ISBN (Print) 978-3-290-20273-6
ISBN (E-Book: PDF) 978-3-290-20274-3
DOI: https://doi.org/10.34313/978-3-290-20274-3

Das E-Book ist seitenidentisch mit der gedruckten Ausgabe
und erlaubt die Volltextsuche.

www.edition-nzn.ch

Inhalt

Vorwort

Der Leitfaden zeigt der Kirchgemeinde einen Weg auf, wie eine Strategie entwickelt werden kann. Er orientiert sich am klassischen Weg von der Situationsanalyse zur Strategie.

In der Situationsanalyse wird zuerst das Umfeld der Kirchgemeinde analysiert. Anschliessend werden die Stärken und Schwächen der Kirchgemeinde festgehalten. Daraus ergeben sich Chancen und Gefahren. Aus allen Erkenntnissen wird die Strategie formuliert und in Legislatur- und Jahresziele umgelegt. Der betriebswirtschaftlich geprägte Ansatz versteht sich als Instrument, das für verschiedene Konfessionen anwendbar ist. Auf die partnerschaftliche Zusammenarbeit zwischen Seelsorgenden und der Kirchenbehörde wird grossen Wert gelegt. So will die Schrift auch ein synodaler Beitrag sein.

Ich danke herzlich für ihre wertvolle Unterstützung und ihre Hinweise: Andreas Beerli, Theologe MA NPO, Stellenleiter Gemeindeberatung im Generalvikariat Zürich; Guido Estermann, Dr. theol., Leiter Fachstelle Bildung und Propstei Wislikofen AG; Alfred Frühauf, Pfr., a. Kirchenratsschreiber Evangelisch-Reformierte Landeskirche des Kantons Zürich; Bruno Gerig, Ing. FH, a. Präsident Katholische Kirchgemeinde Aadorf-Tänikon TG; Daniel Kosch, Dr. theol., a. Generalsekretär RKZ; Hans Lichtsteiner, Dr. rer. pol., Prof. tit. Universität Fribourg; Walter Hollenstein, Arch. FH/SIA; Pater Markus Muff OSB, Director of Development for Europe, Rom; Ruth Meyer Schweizer, Dr. phil., Prof. em. Universität Bern; Christoph Sigrist, Pfr., Dr. theol., Prof. tit. Universitäten Bern und Zürich; Peter Schnider, lic. iur., RA, Mitglied der Synode der Katholischen Kirche im Kanton Zürich; Thomas Suter, Leiter Verwaltung der Katholischen Kirchgemeinde

Winterthur, Mitglied der Aufsichtskommission der Katholischen Kirche im Kanton Zürich; Markus Zimmer, Dr. theol., und Bigna Hauser, Pfrn., vom Theologischen Verlag Zürich.

Winterthur, 15. April 2026

Hans Hollenstein

1 Einführung in die Thematik

1.1 Ausgangslage

Die Religionsgemeinschaften haben für ihre Gremien verschiedene Bezeichnungen. Diese sind je nach Konfession und Land verschieden. Der vorliegende Leitfaden will einen Weg aufzeigen, wie generell eine Strategie für ein exekutives kirchliches Organ entwickelt werden kann. Er kann sinngemäss angewendet werden für verschiedene Konfessionen und Gremien unterschiedlicher hierarchischer Stufen. So kann es adaptiert werden für eine Pfarrei, für einen Verein oder für die Jugendarbeit.

Unter Kirche verstehen wir in diesem Leitfaden – unabhängig von den Besonderheiten der verschiedenen Konfessionen – eine Gemeinschaft von Gläubigen innerhalb ihrer Glaubensgemeinschaft, unter anderem mit ihren Gottesdiensten, der Verkündigung des Evangeliums, ebenso die Institution der Kirchgemeinde mit ihren unterstützenden Funktionen wie Infrastruktur und Finanzen.[1] Die Kirchgemeinde ist eine eigenständige organisatorische Einheit der Kirche. Die präsidiale Leitung obliegt einer in der politischen Gemeinde lebenden Person, der Präsidentin oder dem Präsidenten der Kirchenpflege. Die Kirchenpflege wird je nach Gebiet auch als Kirchenrat bezeichnet. Sie ist eine demokratisch gewählte Milizbehörde und umfasst als exekutives Organ in der Regel rund fünf Mitglieder, die nach zugeteilten Ressorts arbeiten.

Die *Kirchenpflege in der katholischen Kirche* der Schweiz arbeitet nach dem dualen System. Sie nimmt neben der Pfarreileitung,

1 In Anlehnung an einen redaktionellen Hinweis von Christoph Sigrist, 2024.

die für die Seelsorge und die Pastoral auf Pfarreiebene verantwortlich ist, die Leitung der Kirchgemeinde wahr und unterstützt die Seelsorgerinnen und Seelsorger mit ihren Verantwortungsbereichen wie Finanzen, Anstellung des Personals, Bauten und Liegenschaften. *Im Anhang* werden einige wichtige Unterschiede zwischen Kirchgemeinde und Pfarrei angesprochen sowie ihre wechselseitige Abhängigkeit, die das duale System mit sich bringt. Die duale Struktur hat sich grundsätzlich bewährt, birgt aber immer wieder Spannungspotenzial wegen der gegenseitigen Abhängigkeiten.

«Die *reformierte Kirchenpflege* ist demgegenüber die beratende, entscheidende, vollziehende, beaufsichtigende und verwaltende Behörde der Kirchgemeinde. Sie ist in erster Linie und in gemeinsamer Verantwortung mit den Pfarrern und den Kirchengemeindeangestellten für den Aufbau der Gemeinde verantwortlich. Und sie übt auch die Aufsicht über die Amtsführung von Pfarrerinnen und Pfarrern, den Gottesdienst und den kirchlichen Unterricht sowie die Mitwirkung bei gottesdienstlichen Aufgaben […] Die ‹Kirchen-Pflege› in dieser evangelischen Ausrichtung und als Behördentätigkeit, dieses Miteinander und Ineinander beider Bereiche macht das Besondere des reformierten Kirchenpflegeamtes aus – mit all seinen Rechten und Kompetenzen, aber auch all den inhärenten Spannungen, die sich aus dem grossen Freiraum ergeben können.»[2]

Der Zusammenhang zwischen den pastoralen Aufgaben und den unterstützenden Funktionen ist für beide erwähnten Konfessionen gross. Daher wird für die Erarbeitung der Strategie als Kirchgemeinde definiert:

Die Gesamtheit der pastoralen Funktionen wie Gottesdienste, Katechese, Diakonie und Seelsorge sowie die unterstützenden Funktionen der Kirchenpflege wie Finanzen, Personal, Bauten/Liegenschaften.

---

2 Katholische Kirche im Kanton Zürich, Synodalrat 2025, S. 30 (Hervorhebung durch den Autor).

Der vorgeschlagene Weg der Strategieerabeitung ist für die pastoralen Ziele wie für die Ziele der Kirchenpflege geeignet.

Die Kirchenpflege entwickelt mit den Seelsorgerinnen und Seelsorgern die Strategie. Bei der definitiven Festlegung der Strategie sind jedoch die unterschiedlichen Entscheidungskompetenzen der Kirchenpflege und der Seelsorgenden zu berücksichtigen.

1.2 Wieso brauchen Kirchgemeinden eine Strategie?

Die Kirchen und damit die Kirchgemeinden befinden sich in einer anspruchsvollen Situation. Zu den Gründen zählen einerseits die fortschreitende Säkularisierung, die abnehmende Teilnahme an den Gottesdiensten, abnehmende gesellschaftliche und politische Unterstützung sowie langfristig sinkende Steuereinnahmen und leerstehende Kirchengebäude. Dazu kommt die Last erfolgter Missbräuche sowie ein generelles Imageproblem. Die zahlreichen und oft divergierenden Ansprüche an die Seelsorge und die Kirchenpflege fallen zudem schwer ins Gewicht.

Anderseits ist das gesellschaftliche Umfeld einem starken Wandel unterworfen. Zahlreiche Menschen sind auf der Sinnsuche. Menschen, für die rein materialistische Werte nicht im Vordergrund stehen, die aber ein Bedürfnis nach Spiritualität haben und so in der Kirche Halt finden können.

Staatliche Behörden anerkennen die ergänzenden Leistungen, die die Kirchen und ihre Kirchgemeinden im sozialen und gesellschaftlichen Bereich sowie bei der Integration von Menschen erbringen. Die Kirchen leisten oft Hervorragendes in Gottesdiensten, für das Gemeinwohl, im sozialen Bereich und in der Katechese. Sie sind da für die Einsamen und die Kranken. Sie sind da für Menschen in Not und können sie, wenn sie Hilfe brauchen, unentgeltlich unterstützen.

Dazu kommt, dass die Kirchgemeinden funktionierende Strukturen haben und meist über finanzielle Ressourcen verfügen sowie diverse Liegenschaften besitzen. Junge Seelsorgerinnen und Seelsorger rücken nach, die motiviert und innovativ sind und die kirchliche Zukunft gestalten wollen. Immer wieder finden sich Freiwillige, die sich in der Kirche engagieren und einen wertvollen Beitrag für das Kirchenleben erbringen wollen. Eine Kirchgemeinde bietet den Menschen zahlreiche Freiräume für kreatives Schaffen.

Die Kirchen stehen vor grossen Herausforderungen, haben aber auch zahlreiche Chancen. In dieser Situation ist eine langfristige strategische Ausrichtung besonders wichtig.

Unter Strategie verstehen wir vorliegend «die langfristige Ausrichtung einer Organisation»[3]. Die Strategie legt die wesentlichen Absichten, Ziele, Mittel und Wege fest.

> «Es genügt nicht, strategische Ziele zu setzen. Es ist auch zu bestimmen, auf welchen Wegen, mit welchen Methoden, in welchen Zeitabschnitten und nach welchen Phasen die Ziele erreicht werden sollen.»[4]

Im vorgelegten Ansatz besteht die Strategie aus der *Grundstrategie* (Leitbild) und den *Teilstrategien*. Die Teilstrategien umfassen Gottesdienste/Liturgie, Verkündigung/Katechese, Diakonie und Seelsorge sowie Personelles, Finanzen, Bauten/Liegenschaften, Marketing/Kommunikation, Verwaltung, ergänzt um Absichten für einzelne Zielgruppen wie bspw. Jugendliche.

Eine Strategie ist ein Führungsinstrument. Der Strategieprozess soll nicht je getrennt von der Kirchenpflege und dem Pastoralteam durchgeführt werden. Der Blick auf das Ganze ist wichtig. Auch sollen Menschen und Gruppen, die in der Kirchgemeinde aktiv sind oder einen grossen Einfluss haben, in geeigneter Weise in den Strategieprozess einbezogen werden. Wie das geschehen kann, wird in den Abschnitten 1.3 Der Strategieprozess, 4.6 Mögliche partizipative Wege und in den Ausführungen im Anhang gezeigt.

3 Whittington u.a. 2021, S. 52.

4 Weinhold-Stünzi 1999, S. 143. Vgl. auch Haake u.a. 2020, S. 17.

1.3 Der Strategieprozess

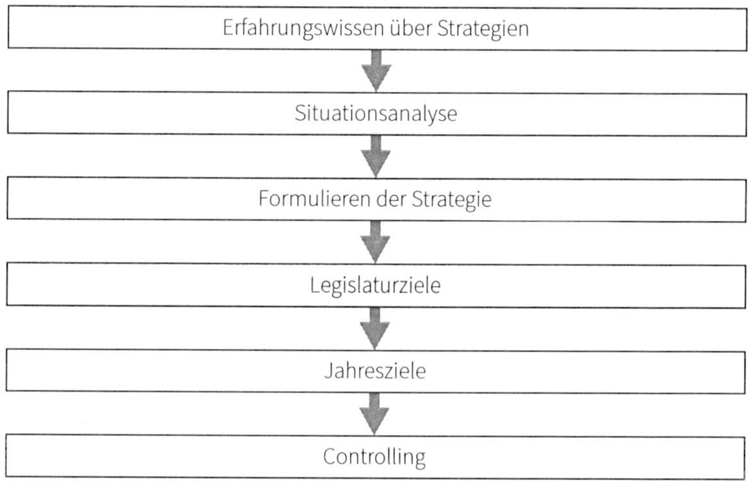

Der Strategieprozess

Die Alltagsgeschäfte werden von den Seelsorgenden und der Kirchenpflege meist sorgfältig ausgeführt. Bei der Alltagsbewältigung und teilweiser operativer Hektik finden die grossen Zusammenhänge oft zu wenig Beachtung. Die Gefahr der Verzettelung ist vorhanden. Die langfristig notwendige und beharrliche Ausrichtung auf wichtige Punkte des kirchlichen Wirkens kann untergehen.

Seelsorgerinnen und Seelsorger sowie die Mitglieder der Kirchenpflege sind Persönlichkeiten, die mit klaren Vorstellungen – aber häufig unterschiedlichen «Werten»[5] – ihre Funktion ausführen. Dies kann zu Konflikten führen, wenn nicht zu Beginn der Amtsdauer die Strategie mit ihren zentralen Aussagen diskutiert und gemeinsam festgelegt wird. Gemeinsam von Seelsorgerinnen und Seelsorgern und der Kirchenpflege erarbeitete strategische Absichten erhöhen das gegenseitige Verständnis. Mit der strategischen Ausrichtung

5 Als Werte werden in diesem Leitfaden auch allgemeingültige ethische Werte wie Toleranz oder Glaubwürdigkeit (4.2, 4.4 und 7) bezeichnet.

der Kirchgemeinde sollen die Kräfte gebündelt und mit ausdauernden Schritten eine zielgerichtete Entfaltung erreicht werden.

Dieser Ansatz orientiert sich am klassischen Weg von der Situationsanalyse (Lagebeurteilung) zur Strategie. Zuerst wird das Umfeld analysiert, anschliessend die eigene Organisation. Ihre Stärken und Schwächen werden festgehalten. So werden Chancen und Gefahren erkannt. Auf dieser Basis werden die Strategie und die Legislaturziele erarbeitet. Die einzelnen Ressorts und die Seelsorgenden werden nach der Analysephase die Grundstrategie, d. h. das Leitbild, gemeinsam festlegen.

Dann entwerfen die Gemeindeleitung[6] oder das Pastoralteam sowie die Ressortverantwortlichen der Kirchenpflege die langfristigen strategischen Absichten und die Legislaturziele sowie die Massnahmen für ihre Bereiche. Diese werden im Plenum anschliessend beraten. Manche kritische Frage kann weiterhelfen. Das gemeinsame Beraten muss aber die Entscheidungskompetenzen respektieren. Die Verantwortung für den seelsorgerischen Bereich liegt schlussendlich bei der Gemeindeleitung, während die Kompetenzen für Finanzen und Liegenschaften etc. bei der Kirchenpflege liegen beziehungsweise bei der Kirchgemeindeversammlung. Es wird Wert gelegt auf die koordinierte Ausrichtung der verschiedenen Funktionen: Die pastoralen Ziele stehen in Einklang mit den unterstützenden Funktionen Finanzen, Personal, Kommunikation, Bau etc. Stärken sollen langfristig ausgebaut werden. Dies kann helfen, die Kirchgemeinde zu positionieren, ihre Attraktivität zu steigern und Identität zu stiften.

Schliesslich erfolgt die Abstimmung mit dem Finanzplan. Die Legislaturziele werden anschliessend auf die Jahresziele umgelegt und mit dem Budget abgestimmt. Das Controlling hilft, auf Kurs zu bleiben. Dies erfordert eine offene und konstruktive Diskussion, am

6 Ausführlicher zum katholischen Verständnis von Gemeindeleitung (Leitung der Pfarrei) siehe Anhang B.

besten im Rahmen einer Klausur. Die Moderation durch eine externe Beraterin oder einen Berater ist empfehlenswert.

Der vorliegende Ansatz ist einer unter vielen. Er ist u. a. geleitet vom Schaffen von Heinz Weinhold-Stünzi, Cuno Pümpin, den eigenen Erfahrungen in einem Dienstleistungsunternehmen sowie der praktischen Anwendung im Rahmen der Behördentätigkeit auf Gemeinde-, Kantons- und Bundesebene sowie in einer Kirchgemeinde. In der Literatur und in der Praxis existieren verschiedene methodische Ansätze. Für das vertiefende Studium sei auf die einschlägige Literatur verwiesen, die im Literaturverzeichnis zusammengestellt ist.

Die vorliegende Schrift ist die vollständig überarbeitete Fassung des inzwischen vergriffenen Buches: *Strategische Führung in der Verwaltung. Ein Leitfaden für die Legislaturplanung*, 2. Auflage, Bern 2001. Diese für die Verwaltungsführung erarbeitete Schrift wurde vom Verfasser für kirchliche Zwecke überarbeitet und angepasst.

1.4 Interne Grenzen überwinden

Erfolgreiche strategische Führung bedingt, dass Ziele und Mittel übereinstimmen und die Absicht gemeinsam getragen wird.

Den Seelsorgerinnen und Seelsorgern obliegen vor allem die Gestaltung der Liturgie, die Verkündigung, die Diakonie sowie die Förderung der Gemeinschaft. Der Kirchenrat oder die Kirchenpflege ist primär zuständig für die unterstützenden Funktionen wie Bauten/Liegenschaften, Infrastruktur, Finanzen und für das Personalwesen (HR). Was auf den ersten Blick als plausible Trennung erscheint, zeigt bald, dass beide Bereiche ineinandergreifen und optimal abgestimmt werden müssen.[7]

Je nach Konfession sind – wie erwähnt – die Zuständigkeit und Kompetenzen unterschiedlich geregelt. Der vorliegende Leitfaden versteht sich als überkonfessioneller Behelf, der in den jeweiligen Zuständigkeiten anwendbar ist. Die je unterschiedlichen Zuständigkeiten von Seelsorgerinnen und Seelsorgern sowie der Kirchenpflege kann aber zu Konflikten führen. Das gemeinsame Erarbeiten bzw. gegenseitige Abstimmen der strategischen Ziele ist konfliktmindernd und erfolgversprechend.

> «In der Praxis wird entscheidend sein, dass die beiden Systeme gemeinsam und partnerschaftlich die Strategieerarbeitung machen. Zwei Elemente dabei sind zentral: erstens die Einsicht, dass es eine verbindliche Strategie zur gemeinsamen Gestaltung der Zukunft braucht. Zweitens das Bewusstsein, dass die inhaltliche und formale Ebene ineinandergreifen. Es gibt keine Seelsorge ohne Strukturen und Leistungen der Verwaltungsebene, es bedarf eines pastoralen Plans, um die Ressourcen und Mittel der Verwaltung richtig und wirkungsvoll einzusetzen.»[8]

---

7 Vgl. Kosch 2023, S. 163f.

8 Zitiert aus einem persönlichen Schreiben von Hans Lichtsteiner an den Verfasser.

1.5 Erfahrungswissen über Strategien

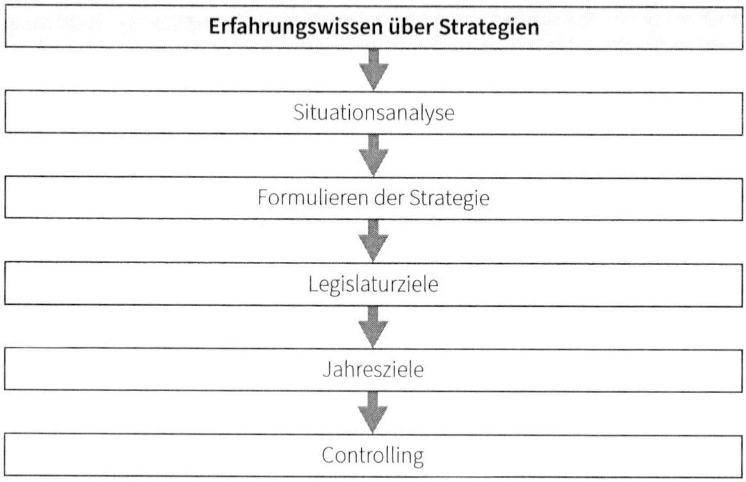

Der Strategieprozess: Erfahrungswissen über Strategien

Zahlreiche Organisationen entwickeln Strategien. Der Terminus Strategie wurde in den vergangenen Jahren auch in die Alltagssprache integriert. Die Erkenntnis, dass isoliertes oder kurzfristiges Denken kaum langfristige Erfolge erbringt, hat eine hohe Bedeutung.

Es wäre vermessen, das Wissen über strategische Führung ausschliesslich heutiger Wissenschaft und Praxis zuzuschreiben. Das Nachdenken über strategische Führung reicht geschichtlich weit zurück. Wichtige Erkenntnisse waren bereits in vorchristlicher Zeit in China (bspw. Sun Tsu 544–496 v. Chr.) und in der römischen-griechischen Antike bekannt (bspw. Flavius Arrianus 85/90 bis nach 145) und bezogen sich auf die Heeresführung. Wesentlich später hat Carl von Clausewitz (1780–1831) wichtige Erkenntnisse zur militärischen Strategielehre beigetragen.[9]

9 Vgl. dazu u.a. Camenzind/Fueglistaller 2014; Stahel 2003; Trippuner 2020.

Hier besonders erwähnt sei die am Stanford Research Institut in den 1960er-Jahren für Unternehmen entwickelte SWOT-Analyse. Dabei werden bewertet: *Strengths* (Stärken), *Weaknesses* (Schwächen), *Opportunities* (Chancen) und *Threats* (Risiken). Dieses Modell hat wesentlich zum vorliegenden Ansatz beigetragen.

Wichtige Beiträge zur Strategielehre und Strategieentwicklung stammen u.a. von Pümpin/Amann (2005), Grünig/Kühn (2000), Lombriser/Aplanalp (2018), Müller-Stewens/Lechner (2016), Whittington u.a. (2021), Gassmann u.a. (2021). Besonders erwähnt seien die Konzepte «Kernkompetenzen» sowie «Strategische Erfolgspositionen». Cuno Pümpin entwickelte das Konzept der Strategischen Erfolgspositionen (u.a. 1980, 2005), das viel Gemeinsamkeit mit dem Kernkompetenz-Konzept hat. Die Termini Kernkompetenzen und Strategische Erfolgspositionen werden teilweise gleichbedeutend verwendet.

Nach Cuno Pümpin[10] sind Strategische Erfolgspositionen Fähigkeiten, mit denen Nutzenpotenziale (Anmerkung des Verfassers: Chancen) erschlossen werden. Gernot Marquardt bestimmt «Kernkompetenzen» wie folgt:

> «Kernkompetenzen sind hinsichtlich des erzeugten Kundennutzens im Wettbewerbsvergleich einzigartige interne Fähigkeiten eines Unternehmens, die in den Leistungsprozessen beim Einsatz von Ressourcen entstehen und durch ständige Anwendung weiterentwickelt werden. Sie dienen als Plattform zur Entwicklung bestehender und neuer Geschäfte.»[11]

Nun ist eine Pfarrei beziehungsweise eine Kirchgemeinde kein Unternehmen und steht nicht im marktwirtschaftlichen Umfeld. Allerdings können die erwähnten Erkenntnisse in geeigneter Form bei der Strategieentwicklung einbezogen werden.

---

10 Siehe Pümpin/Amann 2005, S. 30.

11 Marquardt 2003, S. 40.

So kann eine Kirchgemeinde wenige, ganz besondere Fähigkeiten und Stärken entwickeln, dadurch ein besonderes Gesicht, eine besondere Ausstrahlung erreichen und sich nach innen und aussen positionieren. Sie kann bspw. für junge Menschen attraktiv werden.[12]

1.5.1 Strategische Grundsätze

Zu den im Laufe der Jahrhunderte entwickelten strategischen Grundsätzen zählen:[13]

- Konzentration der Kräfte, Schwerpunktbildung
- Mut zur Lücke
- Aufbau von Stärken, Vermeiden von Schwächen
- Ausnutzen von Chancen, Lancieren von Innovation
- Ausnutzen von Synergiepotenzialen
- Abstimmen von Zielen und Mitteln
- Schaffung einer zweckmässigen, führbaren Organisation
- Risikoausgleich
- Ausnutzen von Koalitionsmöglichkeiten
- Einfachheit
- Beharrlichkeit
- Unité de doctrine
- Richtiges Timing
- Bilden von Reserven

Diese plakativ anmutenden Ausdrücke mögen auf den ersten Blick für das kirchliche Wirken erstaunen. Sie können aber bei einer überdachten Anwendung durchaus Bedeutung für eine Kirchgemeinde haben.

---

12 Siehe dazu Abschnitt 4.2.

13 Vgl. Hinterhuber 1992; Pümpin 1980, zitiert nach Müller-Stewens/Lechner 2016, S. 314.

Im Folgenden gehen wir kurz auf die einzelnen Grundsätze ein:

Dem Gedanken der **Konzentration der Kräfte/Schwerpunktbildung** folgend, sei erwähnt, dass eine Kirchgemeinde «nicht alles und jedes mögliche Anliegen» und erst noch sehr gut erfüllen kann. Es lohnt sich, basierend auf den aktuellen Bedürfnissen, Schwerpunkte zu setzen. Schwerpunkte, die häufig über eine Legislaturperiode hinausreichen. In Zeiten knapper finanzieller Ressourcen ist dies besonders wichtig. Eine Kirchgemeinde, die zu viele Schwerpunkte anstrebt, verzettelt ihre Kräfte und erreicht mit grosser Wahrscheinlichkeit wenig. Eine Konzentration der Kräfte heisst auch, dass die beschränkten Mittel für wenige Ziele (Schwerpunkte) eingesetzt werden. Das bedeutet, dass für andere Aufgaben, die von Gesetzes wegen oder aufgrund weiterer Vorgaben erbracht werden müssen, nur eine genügende bis gute, nicht eine maximale Qualität erreicht werden kann. Dazu kommt: In Kirchgemeinden arbeiten mehrheitlich Freiwillige. Freiwillige können nicht beliebig gefordert werden. Eine Priorisierung ist notwendig.

Der **Mut zur Lücke** besagt, dass man eine Aufgabe bewusst nicht erfüllt. Damit geht man ein gewisses Risiko ein, hat aber mehr Zeit und Kraft, bspw. um Schwerpunkte zu setzen.

Beim Grundsatz **Aufbau von Stärken** beziehungsweise dem **Vermeiden von Schwächen** wird davon ausgegangen, dass eine Kirchgemeinde über besondere Fähigkeiten und Stärken verfügt und damit in der Vergangenheit Erfolge erzielte. Diese Stärken sollen erhalten bleiben beziehungsweise ausgebaut werden. Bekanntlich geht eine Stärke rasch verloren, wenn sie nicht ständig gepflegt und weiterentwickelt wird. Sie wieder aufzubauen oder auf eine andere potenzielle Stärke zu setzen, erfordert einen lang andauernden Führungs- und Mitteleinsatz, dies insbesondere im Milizsystem. Eine Kirchgemeinde hat kaum nur Stärken. Es ist ein Erfolgsfaktor, zu Schwächen zu stehen und diese fair zu thematisieren. Mit Schwächen kann man pragmatisch umgehen. Sie können umgangen werden, indem auf eine gewisse Dienstleistung verzichtet wird, insbesondere wenn diese von einer benachbarten Kirchgemeinde oder einer anderen sozialen Institution besser erbracht werden kann. Gesetzliche und weitere Vorgaben können aber nicht einfach durch Weglassen umgangen werden. Wenn eine Organisation eine Dienstleistung erbringen muss, so gilt es, Schwächen zu beheben beziehungsweise ein akzeptables Qualitätsniveau zu erreichen. Die Mängelbehebung ist auch angezeigt, wenn die Schwäche andere Ziele der Kirchgemeinde gefährdet. Ist ein akzeptables Niveau bei einer bisherigen Schwachstelle erreicht, soll nicht weiter investiert werden. Es ist besser, Zeit und Mittel dort zu investieren, wo bereits Stärken vorhanden sind.

Das **Ausnutzen von Chancen** bedeutet, dass sich bietende Potenziale in einem sich wandelnden Umfeld ergriffen werden. Eine Neuerung kann bspw. als Pilotprojekt gestartet werden mit der Absicht, etwas auszuprobieren, es noch nicht «in Stein zu meisseln». Wenn etwas nicht gelingt, so sind eine hohe Fehlerkultur und Toleranz notwendig. Fehler sind bekanntlich «gute Lehrmeister». In Erinnerung gerufen sei auch der Satz von Hermann Hesse: «Damit das Mögliche entsteht, muss immer wieder das Unmögliche versucht werden.»[14] Eine Kirchgemeinde, die nicht innovationsorientiert ist, läuft Gefahr, in einen wenig motivierenden «Alltagstrott» zu verfallen nach dem Satz: «Das haben wir schon immer so gemacht.» Eine zukunftsgerichtete Kirchgemeinde sollte Neuerungen gegenüber, die Verbesserung bedeuten könnten, aufgeschlossen sein.

Das **Ausnutzen von Synergiepotenzialen** bedeutet, dass verschiedene vorhandene Elemente, Fähigkeiten und Kompetenzen einer Kirchgemeinde kombiniert werden, um Ziele zu erreichen.

Das aufeinander **Abstimmen von Zielen und Mitteln** besagt, dass verschiedene Aktivitäten und Mittel auch wirklich auf die Ziele ausgerichtet werden. Sich hohe Ziele zu setzen, ohne die dafür notwendigen personellen und finanziellen Mittel bereitzustellen, bringt kaum Erfolge.

---

14 Hesse 2008, S. 26.

Eine **zweckmässig führbare Organisation** hilft, die Aufgaben zu bewältigen. Die *Aufbauorganisation* soll bspw. sinnvoll gegliedert sein mit klaren Unterstellungsverhältnissen, Zuständigkeiten und Kompetenzen. Die *Ablauforganisation* regelt die Führungstätigkeiten, schafft die technischen Voraussetzungen und eine zeitgemässe IT. Die Ausrichtung der Organisation auf die Strategie ist notwendig, denn «structure follows strategy»[15].

Der strategische Grundsatz **Risikoausgleich** bedeutet beispielsweise ein kluges Abwägen finanzieller und kirchenpolitischer Risiken. Werden zu viele risikoreiche Ziele verfolgt, besteht die Gefahr, dass einige untergehen und sich so demotivierend auswirken. Zum Risikoausgleich zählt auch, Handlungsvarianten im Voraus zu entwickeln. Ein Ausweichplan («Plan B») ist hilfreich und wirkt beruhigend.

Beim **Ausnützen von Koalitionsmöglichkeiten** kann vermehrt zwischen benachbarten Kirchgemeinden oder mit anderen Institutionen zusammengearbeitet oder mit ihnen fusioniert werden. Dies kann sinnvoll sein, um attraktive Stellen zu schaffen, professionelle Mitarbeitende zu finanzieren, der Personalknappheit zu entgehen oder auch um Kosten zu senken.

Einfachheit heisst, dass die Abläufe und die Verfahren verständlich sein müssen, auch für Ehrenamtliche, Stellvertretende und Aushilfskräfte.

Zum Grundsatz **Beharrlichkeit**: Eine Organisation soll nicht ständig ihre Strategie und ihr Vorgehen ändern. Bei einem «Zick-Zack-Kurs» können kaum wesentliche Erfolge erzielt werden. Zudem wirkt er demotivierend. Eine Strategie kann mehrere Jahre benötigen, um sich voll zu entfalten. Eine strategische Ausrichtung soll erst dann geändert werden, wenn sich wichtige Fakten der Situationsanalyse massgeblich verändert haben.

Unité de doctrin verlangt, dass die Seelsorgenden, die Kirchenpflege und die Angestellten die gemeinsam erarbeiteten Ziele

---

15 Chandler 1962, S. 14 und S. 314.

auch gemeinsam tragen, mit anderen Worten loyal am selben Strick in die gleiche Richtung ziehen. Einmal Beschlossenes soll nicht ständig hinterfragt werden.

Der Grundsatz **Richtiges Timing** bedeutet, dass eine Neuerung zum geeigneten Zeitpunkt lanciert wird. Die Realisierungschance eines Projektes, eines Anliegens ist bedeutend höher, wenn dafür bei den Betroffenen sowie in einer breiten Öffentlichkeit ein starkes Bedürfnis vorhanden ist.

Das **Bilden von Reserven** heisst beispielsweise, dass nicht alle vorhandenen personellen und sachlichen Ressourcen für ein Projekt vergeben werden, sondern dass stets eine gewisse Reserve für Unvorhergesehenes behalten wird.

1.5.2 Generelle strategische Stossrichtungen

Einleitend wurden strategische Grundsätze wie «Konzentration der Kräfte» und «Aufbau von Stärken» besprochen. Es sind dies Erfahrungsgrundsätze, die bei der Strategieformulierung helfen. Ergänzend dazu wurden in der Wissenschaft und in der Praxis verschiedene generelle Stossrichtungen oder Grundverhaltensweisen entwickelt.[16]

Von den nachfolgenden Vorgehensweisen wird auf jene kurz eingegangen, die eine praktische Relevanz für eine Kirchgemeinde haben. Zu bedenken ist, dass diese strategischen Stossrichtungen

- einzeln und in Kombination ausgearbeitet werden können;
- bei der Suche nach strategischen Varianten hilfreich sein können;
- nicht unkritisch beziehungsweise rezepthaft auf die Kirchgemeinde übertragen werden sollten.

---

16 Vgl. Weinhold-Stünzi 1999, S. 143; Grünig/Kühn 2000, S. 314; Pümpin 1980, S. 74; Becker 2018, S. 40, 143; Bea/Haas 2013, S. 178 ff.; Whittington u. a. 2021, S. 276 ff., 317 ff.; Lombriser/Aplanalp 2018, S. 284.

Reduktion der Tätigkeit: Sollen einzelne Tätigkeiten eingestellt oder einer benachbarten Kirchgemeinde übergeben werden? Gibt es eine Lösung mit Drittpersonen (bspw. Hauswartung, Gartenarbeiten)? Solche Überlegungen können zu kostengünstigen oder personalsparenden Lösungen führen.

Konsolidierung: Wir bleiben bei der bisherigen Strategie. Wir führen unsere Tätigkeit weiter wie bisher. Gewisse kleine Änderungen werden vorgenommen.

Zusammenschluss mit anderen Organisationen: Kann durch Kooperation die Dienstleistung in einem grösseren Verbund effizienter erzielt werden?

Wachstum: Sollen – gegen finanzielle Abgeltung – gewisse Tätigkeiten für andere Kirchgemeinden übernommen werden? Gelingt es damit, zu tiefe Stellenprozente unserer Mitarbeitenden zu erhöhen und so als Arbeitgeberin attraktiver zu werden? Gelingt es, den eigenen Kostensatz zu reduzieren?

Kostenstrategie: Mit Blick auf die sinkende Zahl an Kirchgemeindemitgliedern kann eine konsequente Strategie zur Kostensenkung notwendig werden. Mit anderen Worten: Die Ausgaben werden den Einnahmen angepasst. Oder als Ziel: Die eigenen Kosten pro Kirchgemeindemitglied werden auf den kantonalen Durchschnitt pro Mitglied reduziert (Varianten: Reduzierung auf den Mittelwert, Reduzierung auf den häufigsten Wert, Reduzierung auf den Kostensatz einer vergleichbaren Kirchgemeinde).

In der vorliegenden Schrift wird Wert auf eine Situationsanalyse gelegt. Dieser Weg zur Strategiefindung nimmt auf die individuelle Situation einer Kirchgemeinde Rücksicht. Die verschiedenen erwähnten Stossrichtungen erweitern aber den planerischen Horizont und geben Denkanstösse.

1.6 Zur Eignung dieses Leitfadens

Welche Organisation kann dieses System der strategischen Führung anwenden, wo liegt die Systemgrenze? Der Leitfaden wurde für kirchliche Zwecke geschrieben, unabhängig von einer Konfession. Wichtig ist, dass die einzelnen Organisationen ihre unterschiedlichen Rahmenbedingungen und Kompetenzen berücksichtigen und den Leitfaden sinnvoll anwenden.[17]

Die gewählte Vorgehensweise wurde für die Stufe Kirchgemeinde konzipiert. Bei geeigneter Adaption und unter Beachtung der jeweiligen Besonderheiten kann sie auch für kleinere oder für übergeordnete Organisationen und Trägerschaften angewendet werden. Ebenso kann sie für eine kirchliche Untereinheit adaptiert werden, beispielsweise für einen Verein oder einen Kirchenchor. Es handelt sich um ein Instrument.

17 Siehe dazu auch Abschnitt 1.4 Interne Grenzen überwinden.

2 Das weisse Blatt Papier als erster Schritt

Wie eingangs erwähnt, beruht der vorliegende Ansatz primär auf der Situationsanalyse als Basis zur Strategiefindung. Die Mitglieder der Kirchenpflege sowie die pastoralen Mitarbeiterinnen und Mitarbeiter haben vor der Erarbeitung der Strategie meist klare Vorstellungen, was eigentlich zu tun wäre. Ihr Fachwissen, ihre Präferenzen und ihre Erfahrung prädestinieren sie dazu. Diese Vorstellungen, Prioritäten und Vorlieben sollen ersichtlich werden. Ein guter Weg ist, wenn zu Beginn einer Klausur die Teilnehmenden ihre Vorstellungen auf ein weisses Blatt Papier oder Kärtchen schreiben und diese Notizen an eine Flipchart heften. So werden auch wertvolle Ideen festgehalten. In diesem Stadium empfiehlt es sich, nicht länger zu diskutieren, sondern am Schluss der Strategiefindung darauf zurückzukommen.

Dieser Vorgang soll zum nächsten Schritt, zur analytischen Situationsanalyse führen. Interessant ist, wenn am Schluss, nachdem eine Strategie entworfen wurde, diese mit den Ausgangsvorstellungen verglichen wird. Durch die analytische Diskussion haben sich einige Vorstellungen und Absichten erhärtet, andere wurden modifiziert oder fallen weg.

3 Die Situationsanalyse

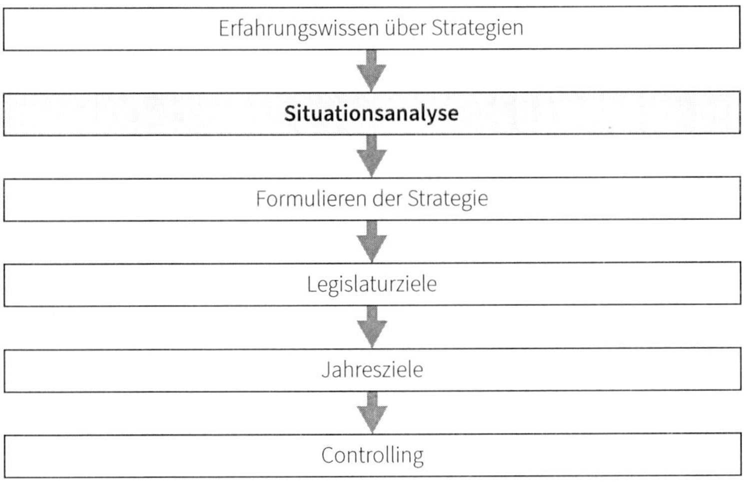

Der Strategieprozess: Situationsanalyse

Unter einer Situationsanalyse verstehen wir:

1. Die Auflistung der übergeordneten Vorgaben (Auftrag, Gesetze, Verordnungen etc.).
2. Die Analyse des relevanten Umfeldes, woraus bei den Trends *erste* Chancen sowie Gefahren zu erkennen sind.
3. Die Analyse der eigenen Kirchgemeinde und das Erkennen ihrer Stärken und Schwächen.
4. Das vertiefte Erkennen von Chancen und Gefahren.
5. Das Ziehen grundsätzlicher Folgerungen aus den gewonnenen Erkenntnissen.

In Wissenschaft und Praxis sind verschiedene Ausdrücke geläufig, die den Vorgang der Beurteilung beschreiben.[18] Die Begriffe Situationsanalyse, Lagebeurteilung und Informationsanalyse können als gleichbedeutend bezeichnet werden. Die SWOT-Analyse ist weit verbreitet. SWOT ist die Abkürzung für *Strengths* = Stärken, *Weaknesses* = Schwächen, *Opportunities* = Chancen, *Threats* = Gefahren. Diese vier Ausdrücke bezeichnen wichtige Ergebnisse der Analyse. Da der hier dargestellte Vorgang der Analyse umfassender ist, wird der Begriff Situationsanalyse verwendet: Man analysiert die aktuelle Situation, in der die Kirchgemeinde steht.

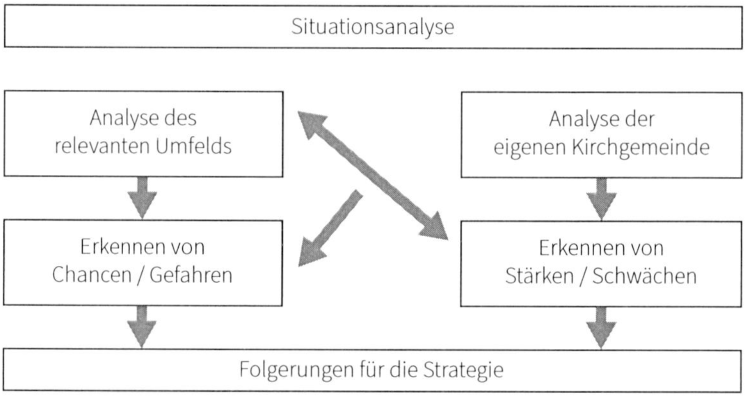

Vorgehensschritte bei der Situationsanalyse

18 Siehe u. a. PÜMPIN/AMANN 2005; GRÜNIG/KÜHN 2000.

3.1 Vorgaben

Die Planung erfolgt nicht im freien Raum. Die Rahmenbedingungen müssen bekannt sein, d. h. die übergeordneten und internen Vorgaben sowie die eigenen Kompetenzvorschriften. So bleibt die Planung realistisch. Solche Vorgaben können sein:

Erlasse

- Gesetze, Verordnungen von Bund, Kanton, Gemeinde
- Kirchenrechtliche Vorgaben
- Erlasse der Kirchenpflege

Rechtsprechung

- Entscheide der Rekurskommission

Eigene Praxis

- Bisherige Beschlüsse der Kirchenpflege
- Bisheriges Verwaltungshandeln

Vorgaben übergeordneter Fachstellen

- Richtlinien, Weisungen, Rundschreiben und Richtlinien der Fachverbände
- Pastoralplan oder Vorschriften des Bistums für die Seelsorge und die Pastoral

3.2 Der Auftrag

In den gesetzlichen Grundlagen für Kirchgemeinden findet sich auch ihr Auftrag. So ist beispielsweise für die katholischen Kirchgemeinden des Kantons Zürich Art. 56 der Kirchenordnung von Bedeutung:

> «Die Kirchgemeinden schaffen auf ihrem Gebiet Voraussetzungen für die Entfaltung des kirchlichen Lebens.»[19]

Den eigenen Auftrag zu kennen («Was ist unsere Aufgabe?») hilft, Konflikte zu vermeiden. Ein Auftrag kann durchaus konstruktiv hinterfragt werden und verhältnismässig auf die eigene Gemeinde angewendet werden. Je nach Kirche gibt es beispielsweise Vorlagen für Stellenbeschriebe (Pflichtenhefte) für die Ressortverantwortlichen.

19 Kirchenordnung der Römisch-katholischen Körperschaft des Kantons Zürich vom 29. Januar 2009.

3.3 Wo liegt der Spielraum?

Ein Blick auf die erwähnten Vorgaben kann ernüchternd wirken. Das führt zu gelegentlichen Aussagen wie: «Wir haben keinen Freiraum mehr, wir können nur noch ausführen.» Eine zukunftsgerichtete Kirchgemeinde und ihre Verwaltung dürfen sich mit dieser Aussage nicht begnügen. Beim Aufzeigen der Vorgaben werden auch Freiräume erkannt. Im kreativen Prozess der Strategiefindung ist es empfehlenswert, sich vorerst nicht zu viel einengen zu lassen. Man muss sich der Vorgaben einfach bewusst sein und mit der Planung kreativ beginnen. Die Vorgaben holen die Planer ohnehin ein.

> «Es ist zunächst wichtiger, viele Ideen zu entwickeln als besonders durchdachte oder qualitativ hochwertige Ideen. Die Teilnehmer müssen verstehen, dass es anfangs darauf ankommt, möglichst viele Ideen zu äußern, ohne sich zu viele Gedanken über die Ideenbewertung zu machen. Oft entwickeln sich auch aus anfänglich wirren Ideen neue Denkanstöße.»[20]

Ein tauglicher Weg ist – wie erwähnt –, ein Pilotprojekt zu wagen, weil es ohne Gesichtsverlust wieder eingestellt werden kann. Die zahlreichen Rahmenbedingungen können aber zur Erkenntnis führen, dass bspw. eine Vorgabe zu eng ist oder ein Gesetz vom Alltag überholt ist. Dies muss als Chance wahrgenommen werden, um bei den übergeordneten Stellen Änderungen zu beantragen.

20 Gassmann u. a. 2021, S. 58.

3.4 Das Kirchenbild, Werte und Einstellungen offenlegen

In den folgenden Abschnitten werden das Umfeld und die eigene Kirchgemeinde analysiert. Die Sicht der Seelsorgenden und der Mitglieder der Kirchenpflege kann unterschiedlich sein. Sie ist vor allem geprägt von den eigenen Werten, deren Ausprägung und auch der persönlichen Einstellung zu einzelnen Kriterien bzw. Aspekten.

Notwendig ist, dass die am Strategieprozess Beteiligten ihr Kirchenbild offenlegen und diskutieren. Zum Kirchenbild[21] gehört:

- Was für eine Kirche will ich gestalten?
- Was soll unsere Kirchgemeinde leisten und was nicht?
- Welche Bedürfnisse sollen ins Zentrum gestellt werden?
- Wie wird gedacht über sogenannte konservative oder sogenannte moderne Strömungen in der Kirche?

Ebenso empfiehlt es sich, eine Diskussion zu führen, welche Werte für die Strategieentwicklung wichtig sind und welche Bedeutung den einzelnen Werten zukommt. Werte sind Kriterien des Wichtigen bzw. Unwichtigen. Auszudiskutieren ist auch, welche Einstellungen zu ausgewählten Aspekten vorhanden sind.

Mögliche Werte

- Menschenwürde
- Toleranz
- Leistung
- Offenheit für Neues

Einstellungen

- zur Führung des Personals
- zum Sparen, zu den Finanzen

21 Hinweis von Guido Estermann, 2025.

- zum Steuerfuss
- zur Flüchtlingsfrage
- zu den Gruppierungen der Kirchgemeinde

Diese Diskussion kann sehr anstrengend sein und bedarf einer guten Moderation. Naheliegend, dass die Diskussion auch Konfliktstoff bietet. Sie lohnt sich aber, damit nicht bei jedem einzelnen Schritt das Kirchenbild, die Werte und die Einstellungen neu diskutiert werden müssen.

3.5 Analyse des relevanten Umfelds

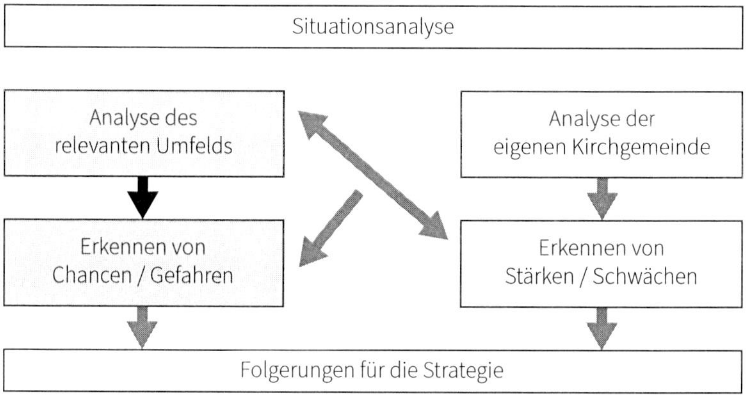

Analyse des relevanten Umfelds. Erkennen von Chancen und Gefahren

Eine Kirchgemeinde ist mit ihrem Auftrag nicht isoliert tätig. Im Gegenteil: Sie ist als kirchliche Organisation in starkem Mass in ihr Umfeld eingebettet, nämlich in das religiöse, politische, rechtliche, finanzielle, ökologische, technologische, gesellschaftliche und in das soziale Umfeld.[22] Als Teil dieses Systems steht die Kirchgemeinde im Spannungsfeld zahlreicher Anforderungen und Interessen. Die Kenntnis des Umfeldes und der verschiedenen Entwicklungen (Trends) ist für die Strategiefindung unerlässlich. Daniel Kosch weist am Beispiel der gesellschaftlichen Megatrends auch darauf hin, dass die Kirche diese nicht beeinflussen, «zu denen sie sich aber unterschiedlich verhalten kann»[23]. Erinnert sei auch an den Satz, der zwar ab und zu Aristoteles zugeschrieben wird, jedoch eigentlich ein neuzeitlicher Sinnspruch ist: «Wir können den Wind nicht ändern, aber die Segel anders setzen.»

---

22 Wilhelm/Bachmann weisen in diesem Zusammenhang auf eine Sozialraumanalyse hin, siehe WILHELM/BACHMANN 2021, S. 69–78.

23 KOSCH 2023, S. 233.

3.5.1 Erste Chancen und Gefahren erkennen

Anhand verschiedener Kriterien wird das relevante Umfeld der Kirchgemeinde ausgeleuchtet. Relevant heisst: Wichtig für die bestehende und für die zukünftige Tätigkeit.

In Tabelle 1 werden die für Kirchgemeinden möglichen Kriterien und ihre Trends aufgelistet (Trends = Entwicklungen). Zu speziellen Trends können verschiedene Szenarien aufgezeigt und nach der Wahrscheinlichkeit ihres Eintretens und ihrer Bedeutung (Schwere) gewichtet werden.

Aus den einzelnen Entwicklungstendenzen ergeben sich *erste* Chancen wie Gefahren für die eigene Kirchgemeinde. Aber auch schwierige Situationen, d. h. Gefahren, lassen Chancen erkennen.[24]

Empfehlenswert ist, die Umfeldanalyse (wie auch die Analyse der eigenen Kirchgemeinde) im Team durchzuführen. Das Analyseteam soll einen kreativen Rahmen schaffen, offen diskutieren und wichtige Aspekte laufend visualisieren. Es ist ratsam, pro Kriterium ein Blatt auszufüllen. Ideen, auch unkonventionelle, werden festgehalten, ebenso erste Lösungsvorschläge. Später – bei der Strategiefindung – leisten diese Grundlagen wertvolle Dienste. Spontan erfasste Details finden keinen Eingang in die Strategie, vielleicht aber später in die Jahrespläne oder werden in eine Ideendatei aufgenommen.

Die nachstehend erwähnten Kriterien sind sehr vielfältig. Die Liste erhebt keinen Anspruch auf Vollständigkeit. Auch sind sie nicht für jede Kirchgemeinde gleich relevant. Sie wollen eine Anregung bieten, in welche Richtung die Analyse gehen kann. In der Umfeldanalyse soll man sich nicht in zu vielen Details verlieren. Wichtig ist, die grossen Linien zu sehen. Hilfreich ist, die wichtigen Erkenntnisse zusammenzufassen.

---

24 Siehe auch Abschnitt 3.7 Vertieftes Erkennen von Chancen und Gefahren.

3.5.2 Checkliste zur Analyse

Kriterien	Entwicklungen (Trends)	Chance	Gefahr
Internationales Umfeld Krisenherde Kriege Ökologie Klimawandel Migration Wirtschaft			
Öffentliche Hand / politische Situation Bund Kanton Gemeinde			
Kirche Weltkirche Schweiz Kanton Bistum Dekanat Nachbarkirchen Ökumene andere Religionsgemeinschaften			
Gesellschaftliche Situation Demografische Situation Zusammensetzung der lokalen Bevölkerung Werte/Wertewandel Arbeits- und Freizeitverhalten Familiensituation Vereinsamung Einstellungen zu Kirche und Religion Erwartungen an die Kirche (Junge, Familien, Ältere) Freiwilligenarbeit			

Kriterien	Entwicklungen (Trends)	Chance	Gefahr
Welche Bedürfnisse ergeben sich aus der gesellschaftlichen Situation für die Kirche? Spiritualität Gottesdienste Diakonie Gemeinschaft Freiwilliges Engagement			
Medien Printmedien Radio, Fernsehen Kirchliche Medien Soziale Medien Lokale Medien			
Weitere Kriterien ...			

Tabelle 1: *Checkliste zur Analyse des Umfelds*

Praktische Beispiele

Die nachfolgenden Beispiele sind nicht vollständig, sondern wollen einen Hinweis geben, wie die Diskussion geführt werden kann.

Zu *Internationales Umfeld:* Der Klimawandel und die Kriege ergeben Fluchtbewegungen. Menschen suchen in unserem Land Schutz. Was heisst das für unsere Kirchgemeinde? Erkennen wir eine Gefahr oder eine Chance?

Öffentliche Hand/politische Situation: Wie reagieren die politischen Behörden auf die zunehmende Säkularisierung unserer Gesellschaft? Ist eine Steuergesetzrevision zu erwarten? Sehen wir eine Chance, um unseren Standpunkt darzulegen? Zeigen wir vermehrt auf, was unsere Kirche im diakonischen und gesellschaftlichen Bereich leistet? Handeln wir nach dem Satz: «Tue Gutes, und sprich darüber»?

Kirche: Wie entwickelt sich unsere Kirche weltweit, wie entwickelt sie sich im eigenen Land? Was heisst das für unsere Kirchgemeinde, für unsere Gläubigen? Wie stehen wir zu den anderen Kirchen und Religionsgemeinschaften, gibt es Chancen im Dialog und in der Zusammenarbeit, oder lauern Gefahren bei einer Distanzierung?

Gesellschaftliche Situation und Bedürfnisse: Welche Trends sind bei den Familien zu beobachten? Wie wirken sie sich auf das Arbeits- und Freizeitverhalten aus? Welche Gefahren und Chancen sehen wir für unsere Kirchgemeinde? Der traditionelle Kirchenbesuch hat an Bedeutung verloren – sehen wir das trotzdem bestehende Bedürfnis nach Spiritualität als Chance? Welche Angebote könnten wir machen? Welche Gemeinschaftserlebnisse schaffen wir für junge Leute, junge Familien, für Einsame? Geben wir den Freiwilligen Gelegenheit, etwas Sinnstiftendes zu tun?

Medien: Die Printmedien (Zeitungen, Zeitschriften) haben vor allem bei jüngeren Menschen an Bedeutung verloren. Werden unsere kirchlichen Mitteilungen gelesen? Welche Gefahren erkennen wir? Soziale Medien haben eine hohe Aktualität – nutzen wir die neuen Möglichkeiten?

3.6 Analyse der eigenen Kirchgemeinde

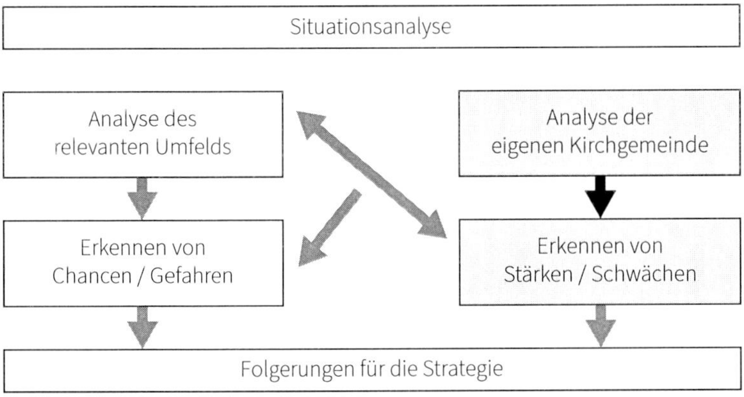

Analyse der eigenen Kirchgemeinde. Erkennen von Stärken und Schwächen

3.6.1 Stärken und Schwächen erkennen

Nach der Analyse des relevanten Umfelds mit der Auslotung von ersten Chancen und Gefahren wird nachfolgend die eigene Organisation analysiert. Die eigene Kirchgemeinde bzw. ihre Mittel sollen nach Stärken und Schwächen untersucht werden. Schwächen können, positiver, auch als Herausforderungen oder Problemkreise bezeichnet werden. Wenn in einem Feld der Zustand der eigenen Organisation weder als Stärke noch als Schwäche eingestuft wird, kann das Kriterium «neutral» verwendet werden. Es ist möglich, durch ein Punktesystem, durch Diagramme, Tabellen etc. eine detaillierte Bewertung vorzunehmen bzw. schriftlich zu kommentieren.[25] Ein nicht zu unterschätzender Vorteil dieser Analyse ist, dass die Verantwortlichen sich der eigenen Mittel und deren Zustands bewusst werden.

Ein ergänzender Hinweis: Bei neu auftretenden Problemen oder Aufgaben werden gerne fehlende Mittel reklamiert, bzw. es

25 Vgl. Bea/Haas 2017, S. 130 ff.; Lombriser/Aplanalp 2018, S. 168 ff.

werden zusätzliches Geld und Personal gefordert. Ein anderer Weg besteht darin, sich der vorhandenen Ressourcen zu erinnern, diese neu zu gruppieren oder anders einzusetzen.

Die nachfolgende Checkliste (Tabelle 2) ist ein generelles Hilfsraster. Es ist auf die eigene Organisation zu adaptieren. Die qualitative und quantitative Bewertung können aus den verschiedenen Blickwinkeln erfolgen und so zu je anderen Ergebnissen führen:

- aus der eigenen Beurteilung
- aus Sicht der Kirchenpflege
- aus Sicht der Seelsorgenden
- aus Sicht der Kirchenmitglieder
- aus dem Vergleich mit anderen Kirchgemeinden.

Zum angenehmen Teil der Analyse zählt, die Stärken aufzulisten. Dies darf zu berechtigtem Stolz führen. Vorgefundene Stärken geben einen ersten Hinweis auf deren Beibehaltung bzw. auf ein zu verstärkendes Schwergewicht.

Kirchgemeinden haben nicht nur Stärken. Es gehört zur Realität, dass einige Tätigkeiten nur zufriedenstellend, d.h. auf durchschnittlichem Niveau, erbracht werden. Überall an der Spitze sein zu wollen, würde einen enormen Aufwand an Kräften und Finanzen erfordern. So ist naheliegend, dass im Rahmen der Analyse auch Schwächen hervortreten. Dabei ist zu beurteilen, ob es sich um eine relevante Schwäche der eigenen Kirchgemeinde handelt. Ist diese Schwäche für die bestehenden oder für die künftigen Ziele hemmend oder zielgefährdend? Zielhemmende oder zielgefährdende Schwächen müssen korrigiert werden. Handelt es sich um eine vernachlässigbare Schwäche, kann sie als solche belassen bleiben. Sie kann auch «behoben» werden, indem diese Tätigkeit Dritten übertragen wird.[26]

---

26 Siehe dazu auch Abschnitt 1.5.1.

Erste Ideen, die bei der Analyse auftauchen, werden notiert. Die Detailerkenntnisse finden nicht Eingang in die Strategie. Sie werden in die Jahresziele oder in eine Ideendatei aufgenommen.

Eine Diskussion über die Schwächen der eigenen Organisation kann sehr anspruchsvoll sein. Wichtig ist, die Schwächen vorerst deskriptiv festzuhalten, d.h. emotionslos zu beschreiben. Rasch können Vorwürfe entstehen, und in einer Sitzung, die kreativ begonnen hat, wird gestritten. Hilfreich ist, eine Fehlerkultur zu schaffen: Alle Teilnehmenden sind sich vor der Analyse bewusst, dass Schwächen zu jeder Organisation gehören. Vorwürfe müssen vermieden werden, und die Gruppe soll sich tolerant verhalten. Zu den eigenen Schwächen zu stehen, ist auch eine Stärke. Dem (externen) Leiter der Klausur obliegt die Kunst der Moderation.

3.6.2 Checkliste zur Analyse

Kriterien	Stärke	Neutral	Schwäche/ Heraus-forderungen
Bisherige strategische Ausrichtung (generelle Beurteilung)			
Unsere Angebote Gottesdienste/Liturgie Verkündigung und Katechese Diakonie und Seelsorge Gemeinschaft und Begegnung Jugendarbeit Junge Familien Ältere Ausländer:innen Flüchtlinge Beratung für Menschen in Not Kirchenmusik Vereine			
Unsere Kirchgemeinde Demografische Zusammensetzung Kirchenaustritte Kircheneintritte			
Personelles Seelsorger:innen Stellung der Frau Sekretariat Sakristane Hauswartung Löhne Pensionskasse Versicherungen Personalplanung Attraktivität als Arbeitgeber Aus- und Weiterbildung der Kirchenpflege/ Mitarbeiter:innen			
Freiwilligenarbeit			

Kriterien	**Stärke**	**Neutral**	**Schwäche/ Herausforderungen**
Behördenmitglieder Zusammensetzung (*Qualifikation)* Nachwuchsplanung Teampflege Aus- und Weiterbildung Entschädigung Spesenregelung			
Aufbauorganisation Kompetenzordnung Stellenbeschriebe Unterstellungsverhältnisse Stab für ausserordentliche Situationen (Krisenstab) Unsere Vertretung in Gremien			
Ablauforganisation Generelle Zweckmässigkeit Prozesse Stand IT Künstliche Intelligenz KI Schutz der Systeme/Anlagen			
Finanzen Einnahmenentwicklung • Steuern Privatpersonen • Unternehmenssteuern • Opfergeld • Legate Ausgabenentwicklung			
Kennzahlen Entwicklung Anzahl Kirchenmitglieder im Vergleich Steuerfuss im Vergleich zu anderen Kirchgemeinden Die einzelnen Kostenarten in % am Gesamtaufwand Kosten im Vergleich zu anderen Kirchgemeinden Kosten pro Kirchenmitglied Anzahl Mitarbeitende pro 1000 Kirchenmitglieder Anzahl Seelsorgende pro 1000 Kirchenmitglieder			

Kriterien	Stärke	Neutral	Schwäche/ Heraus- forderungen
Bau/Liegenschaften Kirche Pfarrhaus Pfarreizentrum Weitere Liegenschaften Mietwertgestaltung Kosten Betrieb Kosten Umgebung Investitionsbedarf Unterhaltsbedarf			
Informatik Organisation Hardware Software Verträge			
Marketing/Kommunikation/ Öffentlichkeitsarbeit Kontakt zu politischen Behörden Informationstätigkeit Interne Information Externe Information Printmedien Social Media Verhältnis und Kontakte zu Medien Werbung Erscheinungsbild			
Nachhaltigkeit ökologisch sozial finanziell			
Diverses			

Tabelle 2: *Analyse der eigenen Kirchgemeinde*

Praktische Beispiele

Mit der Analyse der bisherigen strategischen Ausrichtung wird zusammenfassend das praktizierte Wirken beurteilt. Denkbar ist, dass nichts Schriftliches vorliegt. Dies muss nicht heissen, dass keine gelebte Strategie oder Vision vorhanden ist. Diese kann offengelegt werden aufgrund vorhandener Fakten. Bei der Analyse ist es hilfreich, sich über ein paar Jahre zurück die historische, kulturelle, finanzielle und personelle Entwicklung zu vergegenwärtigen und vor allem die jüngere Vergangenheit mit Zahlen zu präsentieren. Solche Darstellungen können Hinweise geben über die bisherige Strategie, die allgemeine Stossrichtung und die Schwerpunkte.[27]

- Wie wurde das Geld in der Erfolgsrechnung und bei den Investitionen ausgegeben?
- Wo wurde das Personal hauptsächlich eingesetzt?
- Wofür wurde besonders viel Zeit investiert?
- Welche Gruppen wurden hauptsächlich betreut?
- Welche Angebote wurden schwergewichtig besetzt?
- Wo traten Erfolge ein?
- Welche Wirkung wurde erzielt?
- Wichtige Hinweise geben auch Gespräche mit den Mitarbeitenden.

Einige ausgewählte Beispiele zur Tabelle 2

Diakonie: Sind wir für die neuen Herausforderungen gewappnet, haben wir die nötige fachliche Unterstützung? Ist unsere Beratung für Menschen in Not genügend bekannt? Arbeiten wir mit anderen Kirchgemeinden und der politischen Gemeinde zusammen?

► Stärke oder Schwäche?
Unser Fazit: …

27 Vgl. auch WHITTINGTON et al. 2021, S. 218 ff.

Kirchenmusik: An Festtagen finden hervorragende musikalische Darbietungen im Rahmen der Gottesdienste statt. Nutzen wir diese musikalischen Darbietungen, um kirchenfernere Menschen für die Teilnahme an einem Gottesdienst zu gewinnen? Machen wir genügend Werbung?

- Stärke oder Schwäche?
  Unser Fazit: …

Jugend/junge Familien: Haben wir ansprechende Angebote? Verwenden wir genügend finanzielle Mittel und Personal im Einsatz für die kommende Generation?

- Stärke oder Schwäche?
  Unser Fazit: …

Freiwilligenarbeit: Sie sind eine unentbehrliche Stütze für die kirchliche Arbeit. Bringen wir ihnen die nötige Wertschätzung entgegen? Honorieren wir sie z. B. mit einem speziellen Anlass? Was tun wir, um neue Freiwillige zu gewinnen?

- Stärke oder Schwäche?
  Unser Fazit: …

Unsere Kirchgemeinde: Wie viele Zuzüge, wie viele Kirchenaustritte haben wir? Wie viele Taufen? Wie viele Hochzeiten? Wann erreicht unsere Kirchgemeinde eine kritische Untergrenze?

- Stärke oder Schwäche?
  Unser Fazit: …

Seelsorgerinnen und Seelsorger: Gelingt es, wegen der anstehenden Pensionierungen neue Seelsorgerinnen und Seelsorger zu gewinnen?

- Stärke oder Schwäche?
  Unser Fazit: …

Kontakt mit den politischen Behörden: Pflegen wir mit den Exekutiven von Gemeinde und Kanton, mit den Parlamentarierinnen und Parlamentariern einen regelmässigen Austausch? Erhalten sie unseren Jahresbericht, unsere News? Ist unsere Verwaltung in regelmässigem Kontakt mit den Verwaltungsstellen der politischen Gemeinde?

► Stärke oder Schwäche?
Unser Fazit: …

Die Ergebnisse werden in Stichworten festgehalten.

3.7 Vertieftes Erkennen von Chancen und Gefahren

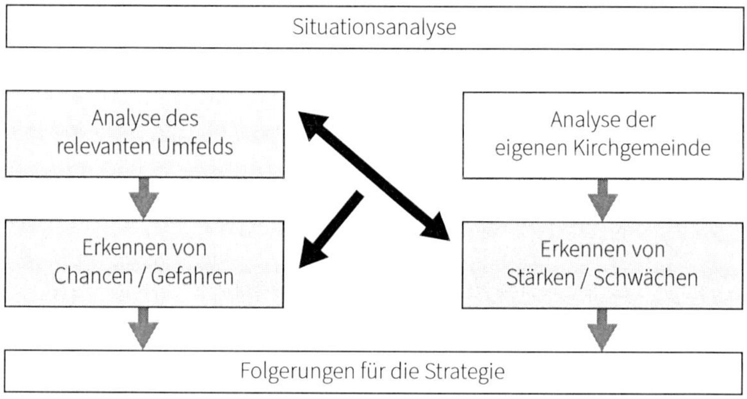

Vertieftes Erkennen von Chancen und Gefahren

In Abschnitt 3.5 wurden aus der Umfeldanalyse Trends und *erste* Chancen sowie Gefahren abgeleitet. Im vorangegangenen Abschnitt wurde die eigene Kirchgemeinde durchleuchtet, dabei wurden Stärken und Schwächen deutlich. Die Erkenntnisse wurden in Stichworten festgehalten. Zudem wurden jeweils *erste* Lösungsansätze notiert. Eine grosse Fülle von Fakten wurde aufgelistet. Um es mit einem Bonmot zu sagen: Vor lauter Bäumen sieht man den Wald nicht mehr. Es gilt nun, das Wesentliche herauszuschälen.

Zu den für uns wichtigen Aufgaben/Funktionen wie Familiengottesdienste, Freiwilligenarbeit, Personelles etc. werden die wesentlichen Umfeldentwicklungen (Trends) aufgelistet. Ihnen gegenübergestellt werden die eigenen Stärken und Schwächen. Jetzt können die sich bietenden Chancen und Gefahren vertieft erkannt werden. Sie werden ergänzt um die nun als realistisch erkannten *ersten* Chancen und Gefahren aus der Umfeldanalyse (Tabelle 2). Anschliessend werden die Folgerungen gezogen.

- ► Nur die relevanten Chancen und Gefahren werden aufgelistet. So lassen sich die grossen Linien erkennen.

Die nachfolgendende Tabelle 3 zeigt die praktische Anwendung an möglichen Beispielen.

Aufgaben, Funktionen	**wesentliche Umfeldentwicklungen (Trends)**	**eigene Stärken, eigene Schwächen**	**relevante Chancen, relevante Gefahren[28]**	**Folgerungen**
Familiengottesdienste	sinkende Teilnahme	Sonntagmorgen nachteilig	neuer Zeitpunkt	Samstag prüfen
ökumenische Gottesdienste		wenige treue Teilnehmende	öffnen für alle christlichen Kirchen	Abklärung mit Schwesterkirche
unsere Angebote für die Generationen	Ältere nehmen häufiger teil am kirchlichen Leben als Jüngere	etwas einseitiger Einsatz der Mittel für Seniorinnen und Senioren	Absenz der Jüngeren; Überangebot; Angebot am Bedarf vorbei	Aufwand und Mitteleinsatz überprüfen
Freiwilligenarbeit	zeitlich überbelastete Freiwillige	weniger Freiwillige als früher	Aufgabenerfüllung gefährdet	mit dem Seelsorgeteam den akuten und den absehbaren Freiwilligenbedarf besprechen; verschiedene «Freiwilligenmodelle» entwickeln und kommunizieren (z. B. projektweiser Einsatz statt längerfristigen Engagements)

28 Die vertieft erkannten Chancen und Gefahren werden ergänzt um die als realistisch erscheinenden Chancen und Gefahren aus der Umfeldanalyse.

Aufgaben, Funktionen	wesentliche Umfeldentwicklungen (Trends)	eigene Stärken, eigene Schwächen	relevante Chancen, relevante Gefahren[28]	Folgerungen
Personelles	steigende Anforderungen an Aufgabenerfüllung und IT	Weiterbildungskurse werden selten besucht	Entwicklung/ Leistungen der Mitarbeitenden gefährdet	Ausbildung in Jahresziele einplanen
		fehlende Behördenmitglieder für einzelne Bereiche		Suche starten
Stab für ausserordentliche Lagen (Krisenstab)	schwerwiegende Ereignisse sind möglich	kein Krisenstab vorhanden	Überforderung, wenn ein ausserordentliches Ereignis eintritt	Stab ernennen; Sofortmassnahmen: Erreichbarkeit und Stellvertretungen sicherstellen
Kirchenmusik	Kirchenferne besuchen selten einen Gottesdienst	unser Chor führt an Festtagen grosse Werke mit Solistinnen und Musikern auf	Kirchenferne für einen konzertanten Gottesdienst ermuntern	Marketing- und Kommunikationskonzept für Festtagsgottesdienst erarbeiten
Diakonie, Sozialdienst	mehr ältere Arbeitslose sowie Alleinerziehende suchen Unterstützung	unser Teilzeit-Sozialdienst ist überlastet oder nicht täglich präsent	Zusammenarbeit mit anderen Kirchgemeinden	Gespräch suchen und Arbeitsgruppe einsetzen
Jugendarbeit	durch die Kirchenaustritte der Eltern fehlen auch deren Kinder	wir haben engagierte und kreative Jugendarbeiter:innen	Angebote vermehrt auf ausserkirchlichen Kanälen bekannt machen	Kommunikationskonzept überarbeiten
spezielle Anlässe				

Aufgaben, Funktionen	**wesentliche Umfeldentwicklungen (Trends)**	**eigene Stärken, eigene Schwächen**	**relevante Chancen, relevante Gefahren[28]**	**Folgerungen**
Mediation				
Begegnungen				
Pfarreireisen				

Tabelle 3: *Vertieftes Erkennen von Chancen und Gefahren*

Als Ergänzung zur tabellarischen Darstellung

Wird eine relevante Gefahr mit hoher Wahrscheinlichkeit eintreten und auf eine *besondere* Schwäche unserer Kirchgemeinde treffen, kann dies zu einer bedrohlichen Situation führen.

relevante Gefahr ► besondere Schwäche ► bedrohliche Situation

Trifft eine relevante Chance des Umfeldes auf eine *besondere* Stärke unserer Kirchgemeinde, kann sich die Kirchgemeinde profilieren.

relevante Chance ► besondere Stärke ► Profilierungsfeld

Ein Beispiel: Ein berühmter Philosoph und Theologe erwirbt in unserem Dorf ein Ferienhaus und ist im Sommer anwesend. Vielleicht tritt er im Gesprächskreis «Theologie heute» der Pfarrei auf.

3.8 Folgerungen aus der Situationsanalyse für die Strategie

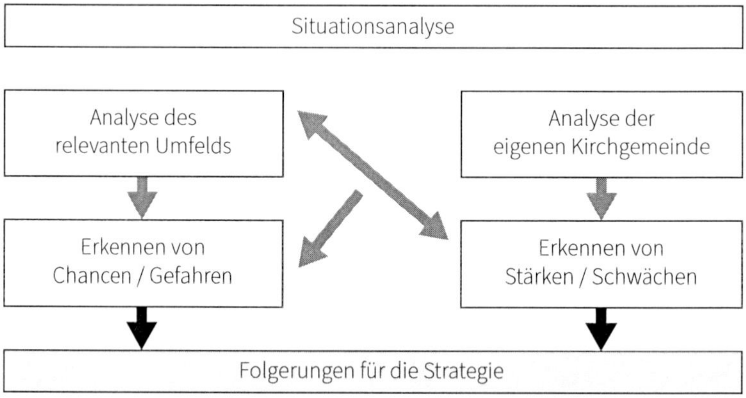

Folgerungen für die Strategie

Wie bereits erwähnt, liegt nach einer ausgedehnten Lagebeurteilung eine Fülle von Material vor, das zusammenzufassen ist. Jetzt beginnt die Kunst, Wichtiges von Unwichtigem zu trennen. Ohne eine gewisse Abstraktion kann keine prägnante Strategie entstehen. Es gilt, strategisch Relevantes insbesondere am Beispiel der Tabelle 3 herauszuschälen.[29]

Die für die Strategie relevanten Aussagen können z. B. farblich markiert werden. Das Visualisieren ist sehr empfehlenswert, weil es zur schnelleren Orientierung hilft. Zudem lohnt es sich zu priorisieren:

wichtig – weniger wichtig

dringlich – weniger dringlich

29 Vgl. Lombriser/Aplanalp 2018, S. 203.

Als Faustregel sei angemerkt: Wichtiges und gleichzeitig Dringliches wird prioritär in die Legislaturziele aufgenommen. Weniger Wichtiges und gleichzeitig weniger Dringliches wird auf die Langfrist-Pendenzenliste gesetzt oder nicht weiterverfolgt.

Die zusammenfassenden Erkenntnisse und Folgerungen werden schriftlich festgehalten. Sie sind oft nahe bei der künftigen Strategie. Diese Folgerungen sind das Kernstück der Situationsanalyse.

Beispiele von Folgerungen

Die nachfolgenden Beispiele sind konstruiert. Sie sollen aufzeigen, wie die Folgerungen formuliert werden können:

Familiengottesdienst: Die von Müttern und Vätern mitgestalteten Gottesdienste kommen gut an, die Teilnehmerzahl hat aber in den vergangenen Jahren kontinuierlich abgenommen. Findet der Familiengottesdienst zu einer Zeit statt, die für die Zielgruppe geeignet ist?

- ► Im Kontakt mit Familien und Seelsorgeteam klären, ob der Gottesdienst vom Sonntagmorgen z.B. auf den frühen Samstagabend verschoben werden soll.

Ökumene: Der ökumenische Gottesdienst wird von der reformierten und der katholischen Kirche getragen. Soll er ausgeweitet werden auf einen Gottesdienst mit anderen christlichen Konfessionen?

- ► Ausweitung mit der Schwesterkirche besprechen.
- ► Kontakt mit anderen christlichen Konfessionen aufnehmen.

Angebote: Eine Analyse der jüngeren Jahresrechnungen zeigt, dass aus guten und edlen Gründen viel Geld und Arbeit für Seniorinnen und Senioren investiert wurde. Können wir gleich viel Geld und Arbeit für die jüngeren Gemeindemitglieder aufwenden?

- ► Eine alternative Aufteilung wird erarbeitet.
- ► Könnten vermehrt Freiwillige die Seniorennachmittage gestalten?

Freiwilligenarbeit: Die Kirchenaustritte bringen es mit sich, dass wir weniger Freiwillige finden. Wie können wir das freiwillige Engagement attraktiv machen?

- ► Eine Arbeitsgruppe wird eingesetzt. Sie erarbeitet einen Massnahmenplan, wie Freiwillige gewonnen werden könnten.
- ► Es könnte deutlich kommuniziert werden, dass Freiwilligenarbeit gewinnbringend auch für die Freiwilligen selbst ist: Kameradschaft etc. Wie kann den Freiwilligen etwas Exklusives geboten werden? Ein Nachtessen an einem besonderen Ort mit einer bekannten Persönlichkeit als Tischrednerin?

Personelles: Einige Behördenmitglieder sind über 70 Jahre alt. Finden wir geeignete neue Mitglieder?

- ► Eine Personalplanung wird in Angriff genommen.

Die Arbeitswelt befindet sich in einem raschen Wandel, insbesondere in der Informationstechnologie.

- ► Für die Kirchenpflege und die Mitarbeitenden werden in den Jahreszielsetzungen Kurse und Weiterbildungen geplant.

Stab für ausserordentliche Lagen (Krisenstab): Wir wollen für ausserordentliche Lagen gewappnet sein. Wie können wir speditiv reagieren bei einer Feuersbrunst, einem Missbrauchsverdacht oder einem Unglücksfall?

- ► Wir ernennen einen Stab, der an 365 Tagen (24/7) erreichbar ist.[30]

---

30 Ein Stab für ausserordentliche Lagen wird im Voraus ernannt. Ihm gehören an: Kirchenpflegepräsident:in und Stellvertretung, weitere Behördenmitglieder, die Kommunikationsbeauftragte, der Pfarrer, die Pfarrerin oder ein Mitglied der Gemeindeleitung. Dem Krisenstab können auch Externe angehören, bspw. eine Juristin, eine Ärztin, ein Baufachmann. Ein Konzept für ausserordentliche Lagen ist zu erarbeiten. Als Sofortmassnahmen sind Adress- und Checklisten zu erstellen. Insbesondere sind die Stellvertretungen klar zu regeln. Die Kompetenzordnung für die Leitung des Krisensta-

Kirchenmusik: Unser Chor leistet mit der neuen Dirigentin Grossartiges. Können wir auch Kirchenferne auf die Kirchenmusik aufmerksam machen?

► Wir erarbeiten ein Kommunikationskonzept für Kirchenmusik.

Kirchlicher Sozialdienst: Aus Kostengründen können wir nicht weiteres Personal für den Sozialdienst einstellen. Lässt sich durch enge Zusammenarbeit mit anderen christlichen Kirchen Zusätzliches leisten?

► Wir suchen das Gespräch mit ihnen und setzen eine Arbeitsgruppe ein.

Jugend: Auch Jugendliche, die keiner Kirche angehören, sollen bei uns willkommen sein. Unsere Angebote wollen wir bewusst für sie öffnen.

► Wir überarbeiten das Kommunikationskonzept, um sie zu erreichen.

---

bes ist festzulegen, vor allem um präsidiale Entscheide fällen zu können. Die Erreichbarkeit an 365 Tagen rund um die Uhr (24/7) ist sicherzustellen. Es ist empfehlenswert, eine Übung durchzuführen anhand einer angenommenen ausserordentlichen Lage. Die Übung steht vorzugsweise unter externer, professioneller Leitung. Aus Fehlern werden wertvolle Erkenntnisse gewonnen.

3.9 Methodische Hinweise

Daten- und Informationsbeschaffung

Die Fülle von verfügbaren Informationen ist heute unüberschaubar. Die Kunst besteht in der Auswahl der relevanten Daten.[31] Nicht alles muss neu erarbeitet werden. Wertvolle Studien von den übergeordneten Kirchenbehörden und von wissenschaftlichen Instituten sind vorhanden.[32] Zudem ist es hilfreich, Fachpersonen anzuhören. Kirchgemeinden haben den Vorteil, dass sie von anderen Kirchgemeinden Erkenntnisse und Erfahrungsberichte erhalten können.

Datenreduktion

Nach der Analyse des generellen Umfelds und der eigenen Kirchgemeinde ist für gewöhnlich eine Fülle von Daten vorhanden. Damit man sich nicht in Details verliert, empfiehlt es sich, die relevanten Kenntnisse zusammenzufassen und ggf. zu visualisieren (Diagramme, Grafiken etc.). Solche Zusammenfassungen zwingen dazu, «die Sache auf den Punkt zu bringen».

---

31 Für die diakonische Gemeindearbeit oder den Sozialdienst ist bspw. relevant zu erfahren, welche Personen aus dem Spital kommen und Unterstützung brauchen könnten; wo es zu spontaner wirtschaftlicher Not gekommen ist und wo es Unterstützung braucht etc. Wie können Kirchenpflege und Verwaltung bei der Beschaffung dieser Daten helfen? Für die pastorale Arbeit relevant sind Informationen über die Einwohnerstruktur der Gemeinde: Wie viele über 65-Jährige gehören zur Kirchgemeinde? Welche Sprachgruppen sind vertreten? Wie viele konfessionsverschiedene Ehen gibt es? Wer hat welche Kompetenzen?

32 Zum Beispiel: Kirchenstatistik des Schweizerischen Pastoralsoziologischen Instituts, URL: https://kirchenstatistik.spi-sg.ch/#; Evangelische Kirche in Deutschland: 6. Kirchenmitgliedschaftsuntersuchung «Zur Bedeutung der Kirche in der Gesellschaft» von 2022, URL: https://kmu.ekd.de/; Sozialraumanalysen (Sinus-Milieu-Studien) des Sinus-Instituts, URL: https://www.sinus-institut.de.

Vergleiche anstellen

Das Vergleichen mit anderen Organisationen wird auch als Benchmarking bezeichnet. Die eigenen Leistungen werden mit den Leistungen anderer Kirchgemeinden verglichen. Verglichen wird mit Kirchgemeinden, die eine bestimmte Aufgabe besonders gut vollbringen.

Das Benchmarking beantwortet die folgenden Fragen[33]:

- Wie gut sind wir im Vergleich zu anderen?
- Wie gut wollen wir sein?
- Wer erfüllt seine Aufgabe am besten?
- Wie macht er das?
- Wie können wir seine Methode in unsere Institutionen übernehmen?

Arbeitsbesuche bei anderen Kirchgemeinden

Arbeitsbesuche bei befreundeten Kirchgemeinden sind inspirierend. Gute Erkenntnisse können auch im Ausland gewonnen werden. Wichtig ist, die Besuche optimal zu planen, damit sie nicht zu reinen Höflichkeitsbesuchen werden. Ein im Voraus versandter Fragenkatalog an die zu besuchende Behörde ist ratsam. Aus einem gut geplanten Arbeitsbesuch kann eine Fülle von Ideen mit nach Hause gebracht werden.

Gespräche mit kirchlichen Fachstellen

Auf übergeordneten Ebenen gibt es viele Fachstellen, die mit spezifischen Kompetenzen weiterhelfen können: bei Fragen zu Bauten und Liegenschaften,[34] zu Nachhaltigkeit oder zu Rechtsfragen.

---

33 Zitiert aus SCHEDLER 1995, S. 203. Vgl. auch LOMBRISER/ABPLANALP 2018, S. 196.

34 Bei Kirchenrenovation, -umbau oder -umnutzung ist auch das Liturgische Institut ein geeigneter Ansprechpartner, in künstlerischen Fragen bspw. die Schweizerische Lukasgesellschaft.

Gespräche mit der Aufsichtsbehörde

Sofern das Amtsgeheimnis die Aufsichtsbehörde nicht bindet, können auch von ihr wertvolle Ratschläge eingeholt werden. Sie visitieren zahlreiche Kirchgemeinden und haben deshalb einen breiten Überblick.

Kennzahlen/Indikatoren

Nebst den qualitativen Vergleichen lohnt es sich, auch quantitative Vergleiche anzustellen. Dazu bedarf es der Kennzahlen und der Indikatoren. Vergleiche bedürfen grosser Sorgfalt und hinreichenden Fachwissens, namentlich im Finanzbereich, weil nicht alles mit allem vergleichbar ist. Vergleiche bezüglich Kostenstruktur sollen mit vertretbarem Aufwand angestellt werden.

Arbeiten in Teams

Bei den Analysen im Rahmen der Strategieerarbeitung empfiehlt es sich, im Team der Kirchenpflege zu arbeiten, aber auch mit weiteren Mitgliedern der Kirchgemeinde. Der Blick der Letzteren von aussen hilft, keine beschönigende Analyse zu erhalten. Besonders geeignet sind neu hinzugekommene Mitarbeitende und Behördenmitglieder, da sie noch nicht «betriebsblind» sind.

4 Formulieren der Strategie

Der Strategieprozess: Formulieren der Strategie

4.1 Einleitung

Die Strategie umfasst die Grundstrategie (Leitbild) sowie die Teilstrategien der Bereiche wie Pastorales, Finanzen, Personal, Bau und Liegenschaften.

Im Rahmen eines kreativen Prozesses wird aus der Fülle der bisherigen Erkenntnisse und den Folgerungen eine Strategie entwickelt. Dabei geht es – wie in den vorangegangenen Abschnitten erwähnt – zunächst um die Frage, ob bereits eine verfasste Strategie vorhanden ist. Wenn dies zutrifft, wird sie im Lichte der Situationsanalyse überprüft. Was soll an ihr geändert werden? Was kommt als Schwergewicht neu dazu?

Wenn nichts Greifbares vorhanden oder zu erkennen ist, gilt es, von Grund auf eine Strategie neu zu erarbeiten.

Die Strategie muss sich auf Wesentliches konzentrieren und darf sich nicht in Details verlieren. Die operativen Alltagsaufgaben gehören nicht in die Strategie.

Die wesentlichen Erkenntnisse entstehen aus der Situationsanalyse. Hinweise ergeben sich auch aus den verschiedenen Stossrichtungen,[35] dem «weissen Blatt»,[36] der Intuition oder aus den Arbeitsbesuchen bei anderen Kirchgemeinden.

Beim Überprüfen einer bestehenden wie auch beim erstmaligen Erarbeiten einer Strategie empfiehlt es sich, Varianten zu erarbeiten. Dies gilt vor allem dann, wenn gegensätzliche Meinungen bestehen. Bekanntlich führen viele Wege nach Rom. Statt lange Auseinandersetzungen zu führen, werden in groben Zügen zwei Varianten ausgearbeitet. Sie werden einander gegenübergestellt und durch eine Nutzwertanalyse bewertet (Entscheid-Tabelle/Entscheid-Matrix). Dies hilft mit, sich im Team auf eine Strategie zu einigen.

Neben der analytischen Strategieerarbeitung ist auch der ganzheitlichen Beurteilung die nötige Beachtung zu schenken: Es kann sein, dass sich ein leuchtender Weg plötzlich auftut, der den anderen Wegen überlegen ist. Die Intuition und das «Bauchgefühl» dürfen nicht zu kurz kommen.

Die Strategie, insbesondere deren Vision und die besonderen Stärken (Kernkompetenzen) sollen einfach, kurz und verständlich sein. Was wollen wir? Welche Werte sind uns wichtig? Eine Strategie soll von innen und von aussen verstanden und gemeinsam getragen werden.

---

35 Siehe Abschnitt 1.5.2.

36 Siehe Kapitel 2.

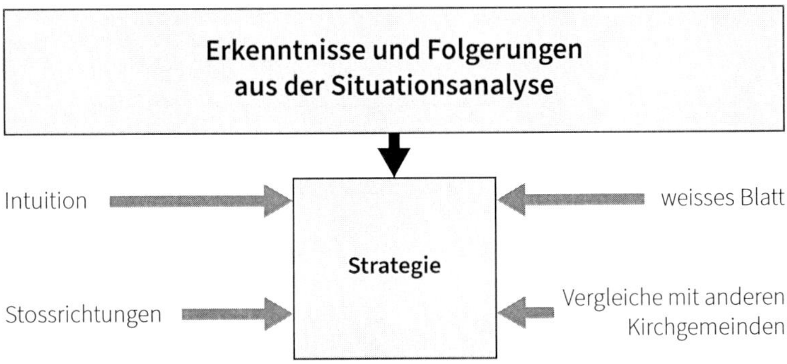

Faktoren der Strategiebildung

4.2 Die Grundstrategie (Leitbild)

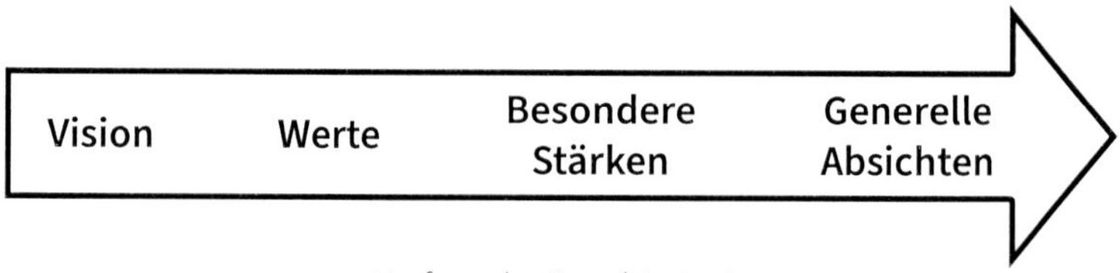

Umfang der Grundstrategie

Die **Grundstrategie** trifft Aussagen über die langfristigen Absichten der Kirchgemeinde: Sie enthält die **Vision** (die leitende Idee), die **Werte**, die ihr besonders wichtig sind, hält die besonderen **Stärken** fest und erwähnt allfällige **generelle strategische Absichten**.

Langfristig heisst, dass die Strategie zeitlich über die Legislaturperiode hinausreicht. Die Grundstrategie wird nach ihrer Erarbeitung als Leitbild bezeichnet. Der Begriff **Leitbild** dürfte für kirchliche Zwecke angemessener sein als der Begriff Grundstrategie. Bei der Erarbeitung der Strategie ist es jedoch aus analytischer Sicht empfehlenswert, zwischen der Grundstrategie und den Teilstrategien zu unterscheiden.

Vision

Mit der Vision geben wir Auskunft auf die grundlegende Frage: Was wollen wir? Damit beschreibt die Kirchgemeinde das visionäre Ziel, das sie in die Zukunft leitet. Die übergeordneten Vorgaben können die Vision beeinflussen. Vor allem aber die Erkenntnisse aus der Situationsanalyse helfen, eine kurze, leitende Vision zu finden. Es gelingt ebenso durch geeignete Fragestellungen, auf eine mögliche Vision zu stossen, bspw.: Welchen Bedürfnissen haben wir zu genügen?

Unsere Werte

Werte sind Kriterien des Wichtigen und des Unwichtigen. Von den zahlreichen möglichen Wertvorstellungen sollen wenige, dafür zentrale festgehalten werden. Werte sind je nach Person bzw. Gruppierung verschieden bzw. unterschiedlich ausgeprägt. Mögliche Werte sind: Glaubwürdigkeit, Offenheit für Neues, Transparenz, Toleranz, Hilfsbereitschaft. Es lohnt sich, eine gute Diskussion zu führen, um Werte zu finden, die gemeinsam getragen werden.

Besondere Stärken

Kirchgemeinden haben ihre eigene Geschichte und vielleicht ein Alleinstellungsmerkmal. Vielleicht sind es zwei oder drei besondere Stärken, die in der Situationsanalyse erkannt wurden. Diese besonderen Stärken bzw. Fähigkeiten können in verschiedenen Bereichen liegen, beispielsweise in der Gestaltung der Gottesdienste, der Diakonie, in der Seelsorge, in den Angeboten für die Jugend oder in der Kirchenmusik. Diese Stärken müssen zukunftsfähig sein, das heisst, auch zukünftigen Bedürfnissen entsprechen. Mit den besonderen Stärken sollen Chancen erschlossen werden. Die Stärken sollen gepflegt und ausgebaut werden sowie genügend Mittel erhalten, damit mit ihnen langfristig Erfolge erzielt werden. Mit besonderen Stärken und Fähigkeiten erhält eine Kirchgemeinde ihr besonderes Gesicht, eine besondere Ausstrahlung, und sie kann sich nach innen und nach aussen positionieren. Sie wird bspw. für junge Menschen attraktiv.

In Zeiten knapper Finanzen ist es besonders ratsam, auf zwei bis drei Stärken zu setzen, die bei Budgetkürzungen weiterhin finanziert werden können.

Generelle Absichten

Weiter können generelle Absichten erwähnt werden, die über mehrere Jahre gelten, jedoch nicht in den Teilstrategien erwähnt sind.

- Anmerkung: Die Diskussion über die Grundstrategie ist wichtig. Ihre Formulierung soll kurz, einprägsam und motivierend sein. Die Mitarbeitenden und Freiwilligen sollen sie spontan erwähnen können, d. h. nicht lange überlegen oder in Unterlagen nachschlagen müssen. Bei der Formulierung besteht die Gefahr, dass sie zu lang wird. Das Wesentliche kann unterge-

> hen, ebenso sind Allgemeinplätze zu vermeiden. Daniel Kosch mahnt, dass «wolkige und letztlich unbestreitbare und nur deshalb konsensfähige Leitsätze» nicht hilfreich seien: «Ein Leitbild kann seine Funktion nur erfüllen, wenn es den Mut zu echten Richtungsentscheiden hat und sich dabei auf die konkrete gesellschaftliche und kirchliche Situation bezieht.»[37]

Es ist sinnvoll, das Fazit der Diskussion in Stichworten festzuhalten und eine Person mit der Formulierung zu beauftragen. In der Gruppe eine Grundstrategie zu formulieren, ist ein schwieriges Unterfangen. Der Entwurf soll später im Plenum bereinigt werden.

Die Grundstrategie in der Form eines Leitbildes sowie die Teilstrategien werden veröffentlicht und müssen von der Kirchgemeinde getragen werden. Daher ist eine kurze, verständliche und motivierende Formulierung wichtig.

---

37 Kosch 2023, S. 232. Siehe dazu auch Heinrich Brändli in Wilhelm/Bachmann 2021, S. 98.

4.3 Die Teilstrategien

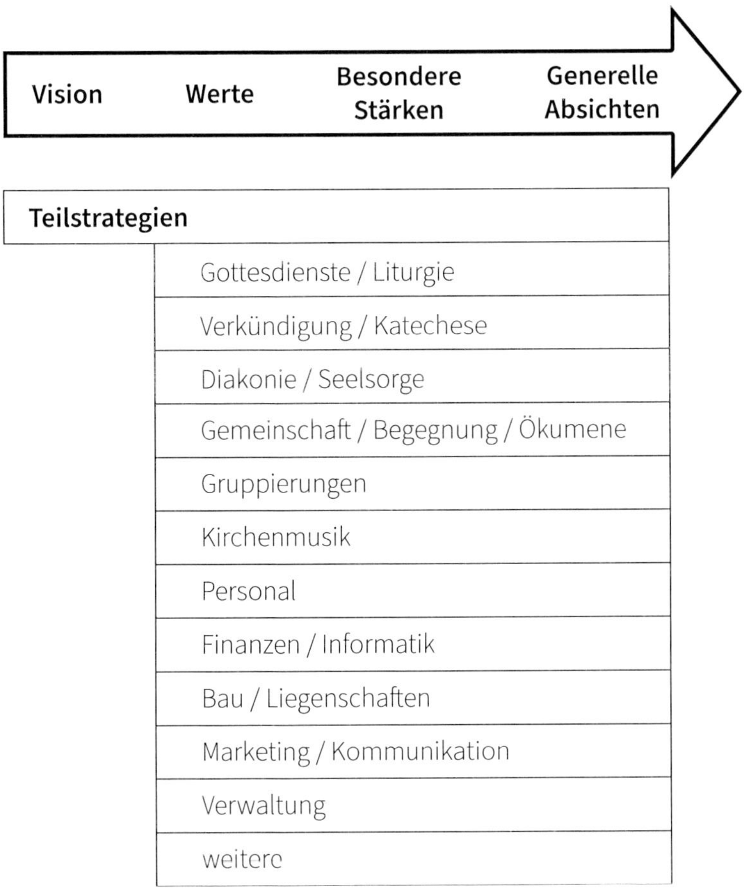

Umfang der ganzen Strategie (Grund- und Teilstrategien)

Die Teilstrategien sind die langfristigen strategischen Absichten mit ihren Legislaturzielen und Massnahmen für die einzelnen Bereiche. Mit den Teilstrategien wird die Grundstrategie konkretisiert und umgesetzt. In den Teilstrategien werden einleitend die strategischen Absichten der einzelnen Bereiche für mehrere Jahre festgelegt. Das heisst, sie haben häufig Gültigkeit über eine Legislaturperiode hinaus. Anschliessend werden die Ziele und Massnahmen in knappen Worten formuliert. Die Massnahmen und Ziele müssen

- wirkungsorientiert sein;
- messbar sein;
- einen Termin enthalten;
- eine verantwortliche Person benennen.

Divergierende Auffassungen in einzelnen Bereichen sind naheliegend. Es lohnt sich, über die Differenzen zu diskutieren, um eine konsensuale Lösung zu finden. Die Teilstrategien sind zudem vernetzt. Beispielsweise können Finanzen, Personal oder Jugendarbeit nicht je isoliert betrachtet und festgelegt werden, sondern sind Teil der gesamten Führungsabsicht. In Kombination mit der Grundstrategie (Leitbild) verhelfen die Teilstrategien zu einer ganzheitlichen, koordinierten Führung.

Sind eine ausdiskutierte Grundstrategie und deren Teilstrategien vorhanden, so erleichtert dies die spätere Arbeit der Kirchenpflege und der Seelsorger:innen. Nicht bei jeder Gelegenheit muss das Gleiche nochmals diskutiert werden, um Differenzen auszutragen. Die Sitzungen der Kirchenpflege können kürzer werden, zudem wird das Budgetieren erleichtert.

Auch können operative Entscheide rascher gefällt werden. Nicht zuletzt dienen Prioritäten als Richtschnur für das tägliche Handeln. Ebenso wird das Delegieren einfacher. Wenn die Mitarbeitenden die Ziele kennen, können sie im Sinne der Vorgesetzten arbeiten.

Die Literatur zur Motivationslehre ist vielfältig. Ein wichtiger Motivationsfaktor dürfte sein, dass die Mitarbeitenden und die Freiwilligen wissen, wofür sie sich einsetzen. Dies hilft zur Identifikation mit ihrer Arbeit. Zudem darf angenommen werden, dass die bewusste Pflege besonderer Stärken sich grundsätzlich auch auf die übrigen Leistungen positiv auswirkt.[38]

---

38 Vgl. Rheinberg/Vollmeyer, 2018, S. 64.

4.4 Beispiel einer Grundstrategie und ihrer Teilstrategien

Aus methodischer Sicht wurde bisher von der Grundstrategie und den Teilstrategien gesprochen. Diese Unterscheidung ist für die Erarbeitungsphase geeignet und schafft eine klare Trennung. Es ist empfehlenswert, in der Schlussfassung die erarbeitete Grundstrategie als Leitbild zu bezeichnen und die Teilstrategien nach ihren Funktionen zu benennen, beispielsweise Legislaturziele für «Personal» oder «Bauten und Liegenschaften». Damit wird eine Sprache gefunden, die für die Kirchgemeinde nach innen und aussen passender sein dürfte.

Leitbild der Kirchgemeinde

- Unsere Vision: Wir wollen die ergreifende christliche Botschaft für alle Menschen erlebbar machen.
- Unsere Werte sind Toleranz, Offenheit, Glaubwürdigkeit und Menschlichkeit.
- Unsere Stärken sind ansprechende Gottesdienste, spannende Angebote für junge Menschen und Familien sowie die Kirchenmusik.
- Wir schaffen Begegnungen für Einsame und helfen Notleidenden.

Unsere Bereiche

Je nach Zuständigkeit und unter Einbeziehung weiterer Beteiligter im Sinne einer synodalen Kirche entwerfen das Pastoralteam und die Kirchenpflege die grundsätzlichen Absichten und Legislaturziele zu:

- Gottesdienste und Liturgie
- Verkündigung und Katechese
- Diakonie und Seelsorge
- Gemeinschaft, Begegnung und Ökumene

- Gruppierungen: Kinder, Jugendliche, junge Erwachsene, Frauen, Männer, Familien, Ältere, fremdsprachliche Gruppen etc.
- Kirchenmusik
- Personal
- Finanzen und Informatik
- Bau und Liegenschaften
- Marketing und Kommunikation
- Verwaltung
- weitere

An erster Stelle stehen seelsorgerische Aufgaben und pastorale Angebote sowie allfällige Vorgaben des Pastoralplans. Diese Bereiche werden von den Teilstrategien der Kirchenpflege unterstützt.

Die jeweilige Zuständigkeit der Seelsorgerinnen und Seelsorger sowie der Kirchenpflege sind zu respektieren. Vorschläge sollen gegenseitig gemacht werden, denn sie wirken befruchtend.

Alles hängt mit allem zusammen. Ziele und die Massnahmen in der pastoralen Arbeit lassen sich nicht realisieren ohne Finanzen, Personal und Infrastruktur. Daher braucht es eine sorgfältige Diskussion auf Augenhöhe aller Beteiligten und daraus folgend einen gemeinsamen Beschluss.[39]

Personal: Wir sind eine attraktive Arbeitgeberin mit konkurrenzfähigen Löhnen und Teilzeitstellen, die Familie und Beruf vereinbaren lassen. Wir haben ein wertschätzendes, förderndes und forderndes Arbeitsklima. Wir bilden die Mitarbeitenden aller Funktionen weiter. Wir schaffen eine kaufmännische Lehrstelle.

Finanzen/Informatik: Die abnehmende Anzahl an Kirchenmitgliedern erfordert eine sorgfältige Budgetierung und Finanzplanung. Es gilt, Schwerpunkte zu bilden. Unser Steuerfuss soll in den nächsten Jahren konstant bleiben. Die Investitionen werden gestaffelt in verkraftbare Einheiten aufgeteilt. Die Jahresrechnung darf maximal

39 Siehe Abschnitt 1.4.

mit CHF … Abschreibungskosten belastet werden. Das Eigenkapital wird langfristig auf CHF … erhöht. Die IT wird für alle Funktionsstufen modernisiert und das Personal dafür geschult.

Bau/Liegenschaften: Unsere denkmalgeschützten Bauten werden ökonomisch und ökologisch unterhalten sowie erneuert. Die Finanz-Liegenschaften vermieten wir aufgrund unseres Finanzbedarfs zu marktgerechten Preisen. Für die mangelnde Auslastung der Liegenschaften werden Lösungen gesucht. Wir schaffen ein zeitgemässes Facility-Management.

Kommunikation/Marketing: Gemeinsam mit den Seelsorgenden erarbeiten wir ein Marketingkonzept. Die Angebote basieren auf den Bedürfnissen unserer Kirchenmitglieder und der weiteren Bevölkerung. Unsere Dienstleistungen und Angebote werden entsprechend gestaltet. Unsere Kirchgemeinde tut Gutes, also sprechen wir darüber. Der Jahresbericht und die Anlässe werden publiziert. Wir verfassen regelmässig Medienmitteilungen bei aktuellen Gegebenheiten.

Verwaltung: Um die strategische und operative Ebene künftig vermehrt zu trennen, wird die Verwaltung zu einem Dienstleistungszentrum gestaltet und als Geschäftsstelle bezeichnet, die die Kirchenpflege unterstützt. Externe Fachleute werden fallweise beigezogen (Anwältin, Baufachperson, Treuhandgesellschaft). Wir prüfen die Zusammenlegung mit einer benachbarten Kirchgemeinde, um die notwendige Grösse beziehungsweise die erforderlichen finanziellen Mittel für zusätzliches Verwaltungspersonal zu haben.

4.5 Strategievarianten entwerfen

Beim Entwickeln der Grund- und der Teilstrategien ist leicht denkbar, dass bedeutende Meinungsunterschiede auftreten. In solchen Fällen ist es empfehlenswert, zwei oder drei Strategievarianten zu entwerfen. Diese werden einander gegenübergestellt.

Mit einer Entscheidtabelle (Nutzwertanalyse, Entscheidmatrix) soll ein möglichst rationaler und transparenter Entscheid herbeigeführt werden. Die Mitglieder der Strategiegruppe einigen sich auf die wichtigen Bewertungskriterien. Deren Visualisierung hilft, alle Kriterien vor den Augen zu behalten.

4.5.1 Die detaillierte Entscheidtabelle

Bei diesem Vorgehen bewerten die Teilnehmenden zuerst die einzelnen Kriterien im Hinblick auf ihre Bedeutung für die Kirchgemeinde. Im vorliegenden Beispiel erhält jedes Kriterium eine Gewichtung *(G)* von 1–10 Punkten. 10 = dieses Kriterium ist uns sehr wichtig, 6 = ziemlich wichtig, 3 = nicht so wichtig).

Anschliessend wird der Erfüllungsgrad jeder Variante mit 0 bis 10 Punkten *(P)* pro Kriterium bewertet (10 = höchster Erfüllungsgrad, 1 = tiefster Erfüllungsrad). Jede Person gibt ihre Einschätzung, d. h. ihre Punktezahl, bekannt. Der Durchschnitt wird in der Tabelle notiert.

Beispiel «Finanzielle Folgen»: Variante A erhält im Durchschnitt der Teilnehmenden 10 Punkte, weil die Variante dem Spargedanken deutlich entspricht. Variante B erhält im Schnitt als Erfüllungsgrad 3 Punkte, weil bei dieser Variante viel mehr Kosten anfallen.

Durch Multiplikation der Gewichtung G mit der ermittelten Punktezahl erhält jedes Kriterium eine Punktesumme. Durch Addition wird das Total der gewichteten Punktesummen ermittelt. (Beispiel «Finanzen» 5 × 10 = 50).

Kriterium	Gewichtung 1–10 Punkte	Variante A Punkte G × P	Variante B Punkte G × P
Gewährleistung des kirchlichen Auftrags Liturgie, Verkündigung, Katechese, Seelsorge …	9	7 63	10 90
Gewährleistung des gesellschaftlichen Auftrags Soziales, Gemeinschaft, Begegnung, Diakonie	8	4 32	7 56
Finanzielle Folgen	5	10 50	3 15
Personelle Folgen	7	8 56	4 28
Realisierbarkeit Akzeptanz, Anpassungsaufwand	10	7 70	2 20
Total gewichtete Punkte		**271**	**209**

Tabelle 4: *Detaillierte Entscheidtabelle*[40]

Nach dieser Tabelle ergeben sich für die Variante A deutlich mehr Punkte. Das bedeutet, dass sie den uns wichtigen Kriterien besser entspricht. Abschliessend folgt eine ganzheitliche Betrachtung, bei der das Ergebnis «nach Punkten» auch als stimmig empfunden werden muss. Dabei werden die Ergebnisse der Entscheidtabelle nicht insgesamt hinterfragt. Wichtig ist, der errechneten Reihenfolge auch innerlich zustimmen und mittragen zu können.

40 Kriterienwahl teilweise in Anlehnung an Stuber 2024.

4.5.2 Die einfache Entscheidtabelle

Beim einfachen Verfahren werden die gleichen Kriterien verwendet. Es werden aber lediglich wie bei den Schulnoten Bewertungen von 1 bis 6 abgegeben. 6 ist die höchste Wertung.

Kriterium	**Variante A** Punkte	**Variante B** Punkte
Gewährleistung des kirchlichen Auftrags Liturgie, Verkündigung, Katechese, Seelsorge …	5	1
Gewährleistung des gesellschaftlichen Auftrags Soziales, Gemeinschaft, Begegnung, Diakonie	5	5
Finanzielle Folgen	4	3
Personelle Folgen	5	3
Realisierbarkeit Akzeptanz, Anpassungsaufwand	6	3
Total gewichtete Punkte	**25**	**15**

Tabelle 5: *Einfache Entscheidtabelle*

Bei der vereinfachten Benotung hat ebenfalls die Variante A am meisten Punkte erhalten. Ergeben sich keine klaren Differenzen, können die wichtigsten 2–3 Kriterien farblich markiert und nochmals einer Benotung unterzogen werden.

4.6 Mögliche partizipative Wege

Eine Strategie – das Leitbild und die Teilstrategien – festzulegen, ist grundsätzlich die Aufgabe des Pastoralteams und der Kirchenpflege. Vom Gedanken der synodalen Kirche her soll ein Weg gefunden werden, viele Menschen in der Kirchgemeinde und in der Pfarrei im Strategieprozess zu beteiligen. Dazu einen Weg an der Kirchgemeindeversammlung ohne ausufernde Diskussion zu finden, ist anspruchsvoll. Die Beliebigkeit zusätzlicher Einwände ist gross.

Der Bundesrat, die Kantonsregierungen und die Gemeindeexekutiven formulieren ihre Legislaturziele in eigener Kompetenz. Sie geben diese dem Parlament und der Öffentlichkeit anschliessend bekannt. Mit dem Budget werden die Ausgaben genehmigt. Hier ist die Mitentscheidung der Basis vorgesehen, da einzelne Projekte zur Abstimmung den Stimmbürgerinnen und Stimmbürgern bzw. der Gemeindeversammlung unterbreitet werden. Eine Kirchgemeinde kann analog vorgehen: Die Kirchenpflege legt ihre Strategie und die Legislaturziele in eigener Kompetenz fest. Den Kirchgemeindemitgliedern werden das Budget und die Investitionsprojekte zum Entscheid beantragt. Die analoge Mitbestimmung durch die Basis ist bei den Kirchgemeinden damit gegeben.

Eine zweite Variante: An einer Kirchgemeindeversammlung wird die Strategie vorgestellt und diskutiert. Vorschläge werden zur sorgfältigen Prüfung entgegengenommen. Die Kirchenpflege und die Seelsorgerinnen und das Pastoralteam bzw. die Gemeindeleitung legen anschliessend in ihrer jeweiligen Kompetenz die Strategie gemeinsam fest.

Ein dritter, pragmatischer Weg, der der synodalen Kirche am ehesten nahekommt: Bei der Erarbeitung der Strategie werden Personen miteinbezogen, die weder der Kirchenpflege noch dem Pastoralteam angehören. Dies kann die Qualität der Strategie, ihre Glaubwürdigkeit und die Akzeptanz deutlich erhöhen.[41]

41 Siehe Abschnitt 3.9.

5 Umsetzen der Strategie

5.1 Legislaturziele

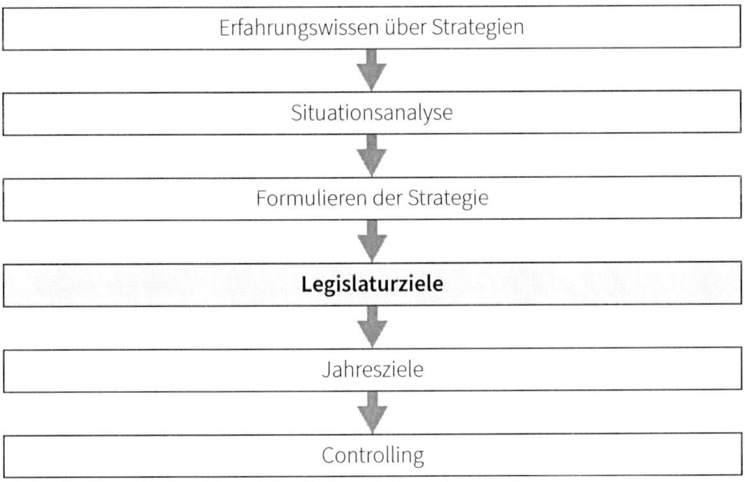

Der Strategieprozess: Legislaturziele

Nachdem man sich auf die definitive Strategie mit ihren Teilstrategien geeinigt hat, wird die Strategie in konkretere Ziele und Massnahmen umgesetzt. Diese Arbeit obliegt den einzelnen Ressortvorstehenden der Kirchenpflege beziehungsweise den Seelsorgenden. Die Pläne werden anschliessend dem Gremium vorgelegt. *Bereits in dieser Phase* findet eine erste Abstimmung mit dem Finanzplan statt.

Die wesentlichen Ziele und Massnahmen werden auf die gesamte Legislaturperiode von vier Jahren verteilt. Es handelt sich um eine grobe Planung. Wichtig ist auch hier, die grossen Linien zu sehen (erst in den Jahreszielen erfolgt eine Verfeinerung).

In den Zielen werden keine ständigen Aufgaben festgehalten wie beispielsweise: «Wir bieten interessanten Religionsunterricht an.» Wenn der Religionsunterricht aber grundlegend überarbeitet wird, wird dies in den Legislaturzielen erwähnt.

Die Ziele sollen soweit wie möglich messbar, aber mindestens klar umschrieben sein. Ebenso soll eine federführende Person angegeben werden, weiter auch der Zeitpunkt oder die Meilensteine der Realisation.

Die Markierung mit dem Zeichen **×** bedeutet, dass das entsprechende Ziel oder die geplanten Massnahmen beziehungsweise der Meilenstein in jenem Jahr schwergewichtig realisiert wird. Wichtig ist der bekannte Grundsatz des «Retourrechnens». Wenn beispielsweise ein Ziel im Jahre 2030 realisiert sein soll, braucht es eine detaillierte Projektplanung, was den Arbeitsbeginn allenfalls bereits zwei Jahre vorher erfordert. Dabei empfiehlt es sich, genügend Reservezeit einzusetzen und einen Plan B festzulegen. Kirchgemeinden mit ihrem Milizsystem brauchen erfahrungsgemäss genügend Zeit, um Ziele und Massnahmen zu realisieren.

Legislaturziele

Massnahmen	**zuständig**	**2027**	**2028**	**2029**	**2030**
Gottesdienste/Liturgie Ziel:		×	•	•	•
Verkündigung, Katechese Ziel:					×
Diakonie, Seelsorge Ziel:				•	•
Gemeinschaft, Begegnung Ziel:				•	×
Ökumene Kanzeltausch		•			

Massnahmen	zuständig	2027	2028	2029	2030
Personal					
• Lohnstruktur prüfen				×	
• Versicherungslücken schliessen		●			
• Anstellung Lehrperson			×		
Bauten und Liegenschaften					
• Investitionsplan erstellen		×			
• Unterhaltsplan erstellen			×		
• Facility Management einführen			×		
• Hauswart-Kurse			●	●	
• Ökologie: Fotovoltaik planen		×			
• Gebäudehülle des Kirchgemeindehauses dämmen				×	
Finanzen					
• Budgetrichtlinien einführen		●			
• Halbjahrescontrolling einführen		●			
• Finanzkompetenzen überprüfen			●		
• Investitionsplan nach Prioritäten		×			
• Gesamtberatung Versicherungen			●		
Informatik					
Zuverlässige und kompatible IT			×		
Marketing, Kommunikation					
• Marketingkonzept		×			
• Regelmässige Medienbulletins		×			
• Jahresapéro mit Behörden			●		
• Freiwillige suchen für Social Media		×			
Verwaltung					
• Professionalisieren			●		
• Zusammenarbeit/Fusion prüfen				×	●
• Externer Fachleutepool			●		
• Kompetenzen erhöhen		●			

Tabelle 6: *Umsetzen der Strategie auf Legislaturperiode*
Zeichenerklärung: × = *grosser Aufwand* ● = *kleiner Aufwand*

5.2 Jahresziele

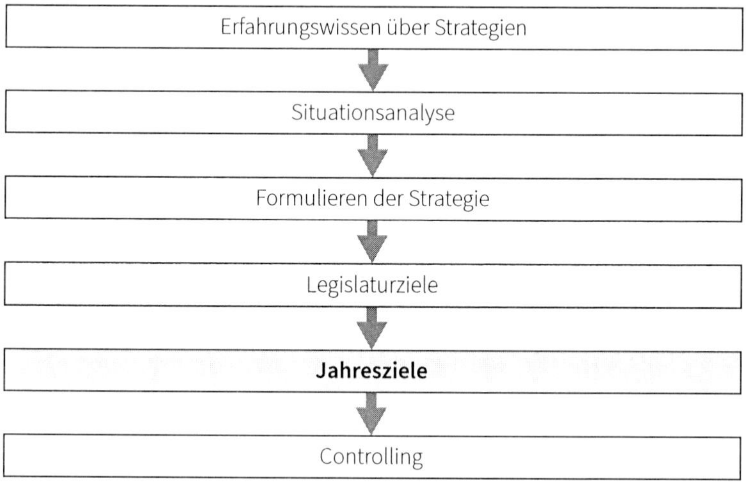

Der Strategieprozess: Jahresziele

Im ersten Jahr der Legislatur bleiben die Ziele aktuell und sind durch die Diskussionen präsent. In den Folgejahren werden sich im Umfeld und in der eigenen Organisation Änderungen ergeben. Daher wird die bisherige Situationsanalyse, die zur Strategie führte, im Rahmen einer **kleinen Situationsanalyse** überprüft und gegebenenfalls ergänzt, und es werden planerische Konsequenzen gezogen. Die kleine Situationsanalyse ist die Basis für die detaillierten Ziele des kommenden Jahres. Von den Jahreszielen wird das Budget abgeleitet.

Eine Korrektur der Legislatur-Strategie drängt sich erst dann auf, wenn sich wesentliche Annahmen der Situationsanalyse geändert haben. Eine Strategie kann ihre Wirkung nur entfalten, wenn sie beharrlich und langfristig verfolgt wird. «Mit der Zeit lernt man, seinen Kurs nach dem Licht der Sterne zu bestimmen und nicht nach den Lichtern jedes vorbeifahrenden Schiffes.»[42]

---

42 General Omar Nelson BRADLEY (1893–1981): Rede zum Armistice Day, 10. November 1948 in Boston.

Die kleine Situationsanalyse kann von den Ressortvorstehenden für ihren Bereich vorgenommen werden. Sie wird in kurzen Worten schriftlich festgehalten.

Auf die kleine Situationsanalyse folgt die Auflistung der detaillierten Ziele für das kommende Jahr mit den entsprechenden Massnahmen. Sie verfeinern die Legislaturziele. Die kleine Situationsanalyse und die Jahresziele der Ressortvorstehenden werden den Kolleginnen und Kollegen zugestellt und idealerweise an einer Klausur mit dem gesamten Gremium erörtert und festgelegt. Ein entsprechender formaler Beschluss wird vorzugsweise erst an einer darauffolgenden Kirchenpflegesitzung gefasst. Gleichzeitig werden das Budget erstellt und der Finanzplan allenfalls korrigiert. Möglicherweise müssen die Jahresziele im Lichte knapper Finanzen angepasst werden.

Zusammengefasst beinhaltet der Vorgang:

1. Eine kurze Situationsanalyse
2. Überprüfung der Legislaturziele
3. Erarbeitung der Ziele und Massnahmen des kommenden Jahres einschliesslich des Jahresbudgets
4. Diskussion und Koordination der Jahresziele durch die Kirchenpflege und die Seelsorger:innen
5. Beschluss der Jahresziele und des Budgets

Empfehlenswert ist, dass die Präsidentin oder der Präsident der Kirchenpflege und dem Seelsorgeteam einen schriftlichen Auftrag erteilt, getreu dem Satz: «Denn was man Schwarz auf Weiß besitzt,/ Kann man getrost nach Hause tragen.»[43] Nachfolgend ein Beispiel:

43 GOETHE, Faust. Der Tragödie Erster Teil: Studierzimmer, S. 62.

Einladung an die Kirchenpflege und die Seelsorgenden zur Erstellung der Jahresziele

Liebe Kollegin, lieber Kollege

Die Kirchenpflege hat die Strategie sowie die Ziele und Massnahmen der Legislatur beschlossen. Damit wurde die strategische Ausrichtung der kommenden Jahre festgelegt. Eine erste Aufteilung der Ziele und Massnahmen auf die einzelnen Jahre wurde vorgenommen. Der Weitblick auf vier Jahre hinaus hat eine planerische Unschärfe. Daher bitte ich, die Situationsanalyse und die Legislaturziele zu überprüfen und gegebenenfalls für das kommende Jahr zu ergänzen. Dann werden die Ziele und Massnahmen der einzelnen Bereiche für das kommende Jahr detailliert festgelegt.

Jahresziele sind ein wichtiges Führungsinstrument. Sie legen frühzeitig die Absichten der einzelnen Ressorts dar. Ziele wirken motivierend und sind für das Budget notwendig. Nachfolgend bestätige ich unsere Abmachung anlässlich unserer jüngsten Sitzung.

[*Monat*] Die Ressortvorstehenden erarbeiten eine erste Fassung.

[*Monat*] Abgabe der ersten Fassung der Jahresziele/Budgets an das Sekretariat.

[*Monat*] Klausur: Die Jahresziele und das Budget werden durch die Ressortvorstehenden vorgestellt und diskutiert. Ergänzungen und Korrekturen werden festgehalten.

[*Monat*] Kirchenpflegesitzung: Die Jahresziele werden verabschiedet.

[*Monat*] Controlling nach erstem Halbjahr. Wir erstatten mündlich einen Zwischenbericht über den Stand der Arbeiten.

Ich wünsche allen viel Erfolg bei der Erarbeitung
und danke herzlich für den Einsatz.

Unterschrift Präsidentin/Präsident

Die Jahresziele der Ressortvorstehenden werden einfachheitshalber in eine Tabelle gesetzt. So entsteht ein Überblick für die gemeinsame Erörterung und die Koordination der Ziele. Hier dargestellt an einem Beispiel für den Bereich Personal:

Jahresziele für das Jahr … – Bereich Personal			
Ziel	**Massnahme**	**Termin**	**Zuständigkeit**
Nachfolgen planen	Gespräche mit Behördenmitgliedern und Angestellten	März	noch offen
Aus-/Weiterbildung	Ziele mit Mitarbeitenden festlegen	April	noch offen
Konkurrenzfähige Anstellungsbedingungen	Stellenbeschriebe/ Löhne überprüfen	Juni	noch offen
Sommeranlass	Projektgruppe einsetzen	Januar	noch offen

Tabelle 7: *Beispiel für Jahresziele*

6 Controlling

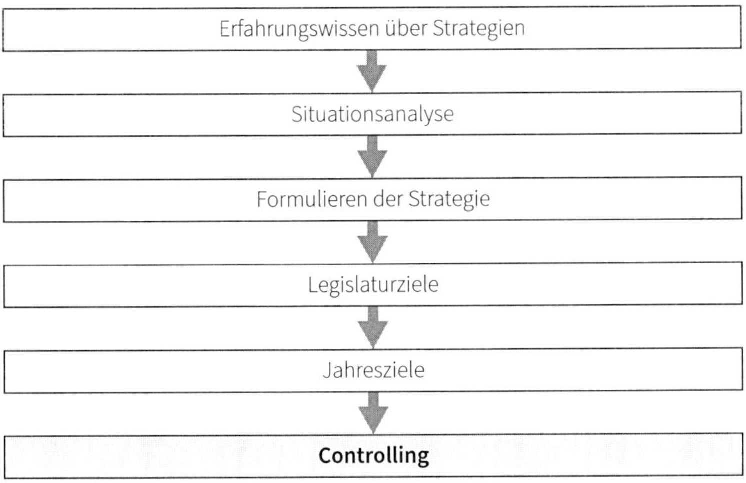

Der Strategieprozess: Controlling

Unter Controlling verstehen wir die Überwachung und Steuerung der Strategie sowie ihrer Ziele und Massnahmen. Zuerst wird die Situationsanalyse überprüft. Werden wesentliche Änderungen gegenüber der bisherigen Analyse festgestellt, wird steuernd auf die Strategie mit ihren Zielen und Massnahmen eingegriffen. Ebenso wird steuernd eingegriffen, wenn die Pläne bspw. zeitlich oder finanziell nicht eingehalten werden.

Wenn während des laufenden Jahres unerwartet Bedeutendes geschieht, muss kurzfristig eine Situationsanalyse (Lagebeurteilung) erfolgen.

Die ordentliche Überprüfung, d. h. ein Zwischenbericht zu den Jahreszielsetzungen/Budgets, erfolgt sinnvollerweise nach Ablauf der ersten sechs Monate. Dabei wird der Realisierungsstand der Arbeiten an einer Sitzung qualitativ und quantitativ überprüft, allenfalls wird steuernd eingegriffen. Am Jahresende erfolgt das abschliessende Controlling. Nicht erreichte Ziele werden ggf. auf das kommende Jahr übertragen.

Werden sämtliche Ziele erreicht, wurde offenbar gut gearbeitet. Es kann aber auch sein, dass nicht ehrgeizig genug geplant wurde, um ja sämtliche Ziele zu erreichen. Werden bei ehrgeiziger Planung nicht alle Ziele erreicht, so bedarf es der kollegialen Toleranz und der Motivation, die Ziele im Folgejahr zu realisieren. Nicht zu vergessen ist: Kirchenpflegen sind Milizbehörden. Ein grösseres Projekt kann länger dauern, als ursprünglich geplant wurde. Dabei ist zu bedenken, dass ein grosses Ziel auch in kleinen Schritten, aber beharrlich erreicht wird.

7 Zusammenfassung

Die Kirchen, Kirchgemeinden und Pfarreien stehen in einem anspruchsvollen Umfeld. Auch im eigenen Bereich sind Probleme zu meistern. Die vorliegende Schrift will helfen, kraft- und vertrauensvoll in die Zukunft zu schreiten. In pragmatischen Schritten wird dazu gemeinsam eine Strategie entwickelt.

Zuerst wird das Umfeld analysiert, in dem die Kirchgemeinde steht. Dabei werden die Entwicklungen aufgelistet und erste Chancen und Gefahren erkannt. Im zweiten Schritt wird die eigene Kirchgemeinde analysiert nach Stärken und Schwächen im pastoralen Bereich und in den unterstützenden Funktionen wie Finanzen Personelles und Liegenschaften.

Aus der Gegenüberstellung der Umfeldanalyse und der Analyse der eigenen Kirchgemeinde werden vertieft die Chancen und Gefahren erkannt. Die wichtigsten Erkenntnisse werden zusammengefasst als Grundlage für die Strategie.

Die zu formulierende Strategie umfasst ein Leitbild und die Teilstrategien für die einzelnen Bereiche. Das Leitbild enthält *eine* Vision, die wichtigen Werte und die besonderen Stärken der Kirchgemeinde, die man mit genügend Mitteln ausbauen will, sowie allenfalls weitere wichtige Absichten.

Anschliessend werden die Teilstrategien für die einzelnen Bereiche wie Gottesdienste, Katechese Diakonie sowie Finanzen, Personelles, Bauten und Liegenschaften entwickelt. Für jede dieser Teilstrategien werden für die nächste Legislaturperiode die wichtigsten Ziele und Massnahmen pro Jahr gesetzt. Die Legislaturziele werden mit dem Finanzplan in Einklang gebracht. Später werden die Legislaturziele in den Jahreszielen verfeinert und mit dem Budget abgestimmt.

Diese Schrift ist vom Gedanken geleitet, dass die pastoralen Ziele primär sind und die Verwaltungsbereiche der Kirchenpflege wie Finanzen, Personelles und Bauten eine unterstützende Funktion haben. Beide hängen eng zusammen. Die pastoralen Ziele brauchen die Unterstützung der Verwaltungsbereiche, und ohne pastorale Ziele kann keine zielgerichtete Unterstützung durch die Verwaltungsbereiche geleistet werden. Es ist unverzichtbar, sich partnerschaftlich abzustimmen und die Strategie konsensual festzulegen.

Idealerweise wird die Strategie im Rahmen einer Klausur erarbeitet. Die Unterstützung durch eine externe Moderatorin oder einen Moderator ist empfehlenswert. Notwendig ist, sich zu Beginn der Klausur auszusprechen über das Kirchenbild, das die einzelnen Klausurteilnehmenden haben; ebenso sind die Werte festzulegen. Die Haltungen und Einstellungen zu wichtigen Fragen und Themen sind offenzulegen und zu diskutieren. Eine Strategie festzulegen, ist eine fordernde, aber sehr motivierende Aufgabe und ist anspornend für das spätere Arbeiten. Wichtig ist, sich nicht zu stark in Details zu verlieren und nicht einem Perfektionismus zu verfallen.

Anhang[1]

A Zur dualen Struktur der katholischen Kirche in der Schweiz

Wie die einzelnen christlichen Kirchen «funktionieren», ist unterschiedlich und hängt ab von der Konfession, der kirchlichen Struktur und ihrer inneren Organisation, ihrem Verhältnis zu staatlichen und kommunalen Institutionen sowie ihren Möglichkeiten, als Rechtsperson zu handeln. Die folgenden Ausführungen orientieren sich an der in Schweizer Kantonen verwirklichten dualen Struktur der römisch-katholischen Kirche und berücksichtigen die komplexen Besonderheiten der römisch-katholischen Kirche.

Eine kurze, grafisch aufbereitete Darstellung der dualen Struktur findet sich auch unter URL: https://www.forum-dossiers.ch/kirchenrecht.

A.1 Die theologische Basis der Kirchenstruktur

Die Kirche im theologischen Sinn umfasst das ganze Volk Gottes, also alle Getauften, die zu einer christlichen Konfession gehören. Von frühester Zeit an bestand die Kirche aus regional gegliederten Teilkirchen mit eigenständigem Profil und eigenständiger Struktur – manchmal auch mit Unterschieden in der Art, Gottesdienste zu feiern («Ritus») und bisweilen sogar in der Lehre. Diese Unterschiede führten zu unterschiedlichen Kirchen.[2] Jede Kirche besitzt eine

---

1 Verfasst von Markus Zimmer.

2 Zu den Kirchen im konfessionellen Sinn zählen die lateinische Kirche in Mittel- und Westeuropa, die orthodoxen Kirchen im östlichen Mittelmeerraum

eigene kirchliche Struktur, die geschichtlich gewachsen ist. In der römisch-katholischen Kirche ist diese Binnenstruktur *hierarchisch* gegliedert:[3] zunächst personell durch die Unterscheidung von Klerikern und Nichtklerikern («Laien»),[4] dann räumlich in Teilkirchen,[5] bestehend aus Kirchenprovinz[6], Bistum[7] und Pfarrei[8]. Mit wenigen Ausnahmen, etwa für manche Orden,[9] gehört jeder Katholik und jede Katholikin einer Pfarrei an, die wiederum Teil einer Diözese / eines Bistums ist. Die wichtigste Ebene der hierarchisch strukturierten Kirche ist aus theologischer Sicht die Diözese; sie wird von einem Orts- oder Diözesanbischof geleitet. Auf der Ebene der Pfarrei vertritt der Pfarrer den Bischof und leitet die Pfarrei.[10] Obwohl die römisch-katholische Kirche hierarchisch gegliedert ist, betont die kirchliche Lehre, dass alle durch die Taufe gleich sind.[11]

---

und in Mittel- und Osteuropa, die koptische Kirche in Ägypten oder die syrischen Kirchen im Vorderen und Mittleren Orient. Die Einheit der lateinischen Kirche ist durch Trennungen, etwa der Anglikanischen Kirche oder der Christkatholischen Kirche, sowie durch die Reformation im 16. Jahrhundert verloren gegangen.

3 Die hierarchische Struktur der römisch-katholischen Kirche ist weltweit gegliedert. Sie wird im Rechtsbuch der katholischen Kirche, dem Codex Iuris Canonici (CIC) von 1983, geregelt. Die Bestimmungen heissen Canon (can.) und in der Mehrzahl Canones (cann.).

4 Can. 207 § 1.

5 Cann. 368–374.

6 Cann. 431–446. Eine Kirchenprovinz ist ein organisatorischer Zusammenschluss benachbarter Diözesen; sie wird geleitet vom Metropoliten oder Erzbischof (cann. 435–438).

7 Can. 369.

8 Cann. 374 § 1, 515–518.

9 Cann. 294–297 (Personalprälatur, z.B. Opus Dei), 370 (Territorialprälatur und Territorialabtei, bspw. das Kloster Einsiedeln), 371 (Apostolisches Vikariat, Apostolische Präfektur, Apostolische Administratur).

10 Cann. 519, 526.

11 Can. 208. Grundsätzlich dazu Kirchschläger 2022.

A.2 Die staatskirchenrechtliche Basis der Kirchenstruktur

In der Schweiz ist das Grundrecht der individuellen Religionsfreiheit sowie die gemeinschaftliche Ausübung in Art. 15 der Bundesverfassung festgeschrieben. Damit eine Religionsgemeinschaft jedoch einen Rechtsstatus erhält, der sich von dem eines Vereins oder einer Firma unterscheidet, braucht sie eine Struktur, durch die sie staatlich anerkannt werden kann. Erst dadurch kann sie als eigenständiges Rechtssubjekt gelten, das auch berechtigt ist, Besitz zu halten oder Kirchensteuern zu erheben. Deshalb gibt es, vergleichbar mit den Landeskirchen der evangelischen Schwesterkirchen, in der katholischen Kirche der Schweiz neben der hierarchisch verfassten Kirche auch die kantonalen kirchlichen Körperschaften. Sie bilden für jeden Kanton eigenständige staatskirchenrechtliche Strukturen der katholischen Kirche und besitzen mit dem Kantonskirchenparlament, im Kanton Zürich als Synode bezeichnet, eine parlamentarische Ebene. Die jeweiligen Exekutivorgane sind der Kantonskirchenrat respektive der Synodalrat.

A.3 Die Pfarrei

Jede Pfarrei, die ein bestimmtes Gebiet umfasst, ist Teil eines Bistums. Dem Pfarrer ist die Leitung der Seelsorge («Pastoral») in einer Pfarrei unter der Autorität des Ortsbischofs anvertraut.[12] Vom Kirchenrecht her fällt deshalb dem Diözesanbischof die Letztverantwortung aller seelsorglichen Aufgaben und kirchlichen Grundvoll-

12 Zur Gemeindeleitung siehe den nachfolgenden Anhang B Gemeindeleitung. Wenn eine Pfarrei keinen Pfarrer hat, regeln kirchliche Rechtsnormen die Leitung, bspw. durch einen Diakon, einen Laien oder eine Gemeinschaft von Personen unter Leitung eines Moderators, der ebenfalls Priester ist und mit den Vollmachten eines Pfarrers die Seelsorgearbeit leitet (can. 517 § 2); siehe Ruf 1983, S. 141 f. Für eine Leitungsperson, die nicht Kleriker ist, gibt es vielfältige Bezeichnungen.

züge wie Liturgie, Verkündigung und Katechese sowie Diakonie und Caritas zu.[13] Dieser Verantwortung kommt er nach, wenn er Mitarbeitenden in der Pfarrei, etwa den Mitgliedern des Pastoralteams, die *Missio canonica*, die kirchliche Sendung, erteilt.

Mehrere Pfarreien können aus pastoralen Gründen zu einem Dekanat zusammengeschlossen werden.[14] Immer mehr Pfarreien schliessen sich auch zu Pastoralräumen zusammen. Sowohl innerhalb eines Dekanats als auch innerhalb eines Pastoralraums behalten die Pfarreien eine grundsätzliche Eigenständigkeit.

Wo es neben dem Bistum und der Pfarrei keine eigenständige staatskirchenrechtliche Organisationsebene gibt, der die Verantwortung für die kirchliche Infrastruktur, das Personal und die Finanzen obliegt, wie dies in der dualen Kirchenstruktur bei einer Kirchgemeinde[15] der Fall ist, regeln diese Angelegenheiten die kirchlichen Behörden, die dem Bischof zugeordnet sind und für die Verwaltung des Bistums sorgen. Verantwortung für das Kirchenvermögen und die kirchlichen Gebäude tragen oftmals die Pfarrkirchenstiftungen.[16]

A.4 Die Kirchgemeinde

Die Kirchgemeinde ist eine organisatorische Ebene, die nicht zur hierarchischen Kirchenstruktur (Bistum, Pfarrei) gehört. Sie hat geschichtliche Wurzeln, die bis ins ausgehende Mittelalter zurück-

13 Der geschichtlich gewachsene theologische Ausdruck hierfür lautet *Spiritualia*. Er umfasst alles, was zum geistlichen Bereich des kirchlichen Handelns gehört.

14 Can. 374 § 2. Diese übergreifende Struktur kann aus organisatorischen und aus personellen Gründen auch bei Überlegungen zur möglichen Zusammenarbeit oder Fusion mit anderen Kirchgemeinden (siehe Abschnitte 1.5.1 und 1.5.2) relevant sein.

15 Der Vorläufer der Kirchgemeinde war im späten Mittelalter die Kirchgenossenschaft, die die Aufgabe hatte, das kirchliche Eigentum, Benefizien und andere Stiftungen zu verwalten und für den Unterhalt des Pfarrers zu sorgen.

16 Ausführlicher bei Berner 2010.

reichen und vor allem das Entstehen der reformatorischen Kirchenstrukturen geprägt haben. Die räumlichen Grenzen einer Kirchgemeinde können mit denen einer Pfarrei übereinstimmen, sie können aber auch mehrere Pfarreien umfassen. Die Leitung der Kirchgemeinde liegt nicht in der Hand des Pfarrers, und sie steht auch nicht unter der Aufsicht des Bischofs, sondern ist die Aufgabe derer, die in einer Gemeinde leben (Wohnortprinzip) und orientiert sich an den Rechtsnormen, die am jeweiligen Ort gültig sind.

In der Schweiz gilt für die staatskirchenrechtliche Ebene der Kirchen die Gemeindeautonomie. Dieser Teil der kirchlichen Leitung fällt grundsätzlich jeder einzelnen Kirchgemeinde zu. In der Regel bestimmen die an einem Ort wohnenden Gläubigen durch Wahl ein Exekutivgremium, das die Kirchgemeinde leitet und die Verwaltung der Kirchgemeinde organisiert. Dieses Gremium heisst von Kanton zu Kanton verschieden, meistens Kirchenpflege oder Kirchenrat. Es ist neben dem Pfarrer respektive der Gemeindeleitung das zweite kirchliche Leitungsgremium am Ort und primär für all das zuständig, was die Arbeit der Seelsorgerinnen und Seelsorger, der katechetischen und liturgischen sowie der diakonischen Mitarbeitenden ermöglicht und unterstützt: Gebäude und Liegenschaften, Infrastruktur, Finanzen, Personalverwaltung und anderes mehr.[17] Ein solches Gremium, das mit der Vermögensverwaltung der Pfarrei beauftragt ist, ist im Kirchenrecht vorgeschrieben.[18]

Auf den ersten Blick ist die Trennung in pastoral-diakonische Leitung und verwaltende Leitung plausibel, um das kirchliche Leben vor Ort zu gestalten und Zuständigkeiten sinnvoll zu verteilen. Dieses duale System bedingt aber überall dort gegenseitige Verständigung und ein gemeinsames Vorgehen, wo es um «gemischte Angelegenheiten» geht. Dazu zählen alle Aufgaben und Tätigkeiten, die sowohl

17 Fachsprachlich werden die hierzu zählenden Bereiche als *Temporalia* bezeichnet. Es handelt sich um «weltliche» Angelegenheiten.

18 In can. 537 wird dieses Gremium als Vermögensverwaltungsrat bezeichnet.

pastorale als auch finanzielle Entscheidungen erfordern.[19] Deshalb müssen beide Bereiche – Seelsorge und Verwaltung – ineinandergreifen und optimal aufeinander abgestimmt werden.[20]

19 Vgl. Kosch 2024, S. 36.
20 Dazu Kosch 2023, S. 163 f.

B Gemeindeleitung

Für die *Leitung einer Pfarrei* schreibt das Kirchenrecht regulär einen Pfarrer vor, regelt aber auch alternative Möglichkeiten, um eine Pfarrei zu leiten. Die Organisation der Pfarreileitung liegt im Rahmen des Kirchenrechts in der Zuständigkeit des Orts- oder Diözesanbischofs.[21]

Aufgrund des grossen Strukturwandels in der katholischen Kirche werden mit den vielfältigen Leitungsaufgaben einer Pfarrei, eines Seelsorgebezirks oder eines Pastoralraums oft weitere Personen oder Personengruppen beauftragt. Deren Bezeichnung ist unterschiedlich: Gemeindeleiter:in, Pfarreibeauftragte:r, Pastoralteamleiter:in, Teamkoordinator:in; Pfarreiverantwortliche:r. Der Einfachheit halber wird in diesem Leitfaden als Gemeindeleitung bezeichnet, wer die Leitung einer Pfarrei innehat.

Das Kirchenrecht sieht vor, dass in einer Pfarrei ein Pastoralrat (auch Pfarreirat oder Pfarrgemeinderat) gebildet wird.[22] Auf diese Weise soll die Partizipation an der (pastoralen) Leitung der Gemeinde durch die Gläubigen sichergestellt werden. Ein Pastoral-, Pfarrei- oder Pfarrgemeinderat ist allerdings nur ein beratendes Gremium.[23] Diskutiert wird, inwieweit im Sinne der Synodalität solchen und ähnlichen Gremien nicht nur Beratungs-, sondern auch Entscheidungsfunktionen zukommen soll.[24]

Die Entscheidungskompetenz der Kirchgemeinde und ihres Exekutivorgans (der Kirchenpflege / des Kirchenrates) betreffen einen anderen Bereich, nämlich die materiellen (finanziellen, mobilen und immobilen) und personellen Voraussetzungen (Anstellungsverträge, Löhne) für den pastoralen Bereich. Indem dieser Leitfaden für eine gemeinsame Strategieentwicklung wirbt und dazu anleitet, die «in

---

21 Siehe Anm. 12 im Anhang A.3 Die Pfarrei.

22 Can. 536 § 1.

23 Can. 536 § 2.

24 Vgl. etwa Kosch 2024, S. 37 f.; Stetter-Karp 2024, S. 68.

der Praxis ohnehin immer schwierigere Trennung zwischen pastoraler und finanziell-administrativer Zuständigkeit» zu überwinden,[25] soll er auch ein Beitrag sein zu einer sich stärker synodal aufstellenden Kirche, in der die Partizipation prozesshaft angelegt und verbindlich ist und nicht auf punktuelle Ereignisse beschränkt bleibt.[26]

25 Kosch 2024, S. 43.
26 Siehe Kosch 2024, S. 42–44.

Glossar

Controlling: Die Überwachung und die Steuerung der Strategie sowie ihrer Ziele und Massnahmen.

Gemeindeleitung: siehe Anhang B.

Grundstrategie: Die Grundstrategie (Leitbild) umfasst die Vision, die wichtigen Werte einer Kirchgemeinde, hält besondere Stärken fest und erwähnt generelle strategische Absichten.

Kirche: Wird in vorliegender Schrift der Strategieentwicklung synonym behandelt für Kirchgemeinde.

Kirchgemeinde: Hier verwendet als Arbeitsbegriff für die Strategieentwicklung: Kirchgemeinde bezeichnet eine Organisationseinheit der Kirche und umfasst die Gesamtheit von pastoralen Funktionen wie Gottesdienst/Katechese/Diakonie sowie die unterstützenden Funktionen der Kirchenpflege wie Finanzen, Personal, Bauten/Liegenschaften.

Kirchenpflege/Kirchenrat: Sie sind das exekutive Gremium einer Kirchgemeinde.

Lagebeurteilung: Entspricht dem Ausdruck Situationsanalyse.

Legislatur: Es handelt sich um die Amtsdauer, für die eine Behörde gewählt ist.

Leitbild: Entspricht dem Ausdruck Grundstrategie (s. o.).

Pfarrei: Eine eindeutig umschriebene, auf Dauer errichtete Gemeinschaft von Gläubigen in einem in der Regel geografisch bestimmten Gebiet innerhalb der Teilkirche (Bistum/Diözese), deren Seelsorge einem Pfarrer übertragen ist, der die Pfarrei unter der Autorität des Diözesanbischofs leitet. Siehe auch Anhang A.3.

Situationsanalyse: Es werden die Vorgaben, das Umfeld und die eigene Kirchgemeinde analysiert sowie Chancen und Gefahren festgehalten. Die Situationsanalyse dient als Basis für die Strategieentwicklung.

Stärken, besondere: Eine besondere Fähigkeit einer Kirchgemeinde, ein Alleinstellungsmerkmal oder eine Eigenschaft, mit der sie im Vergleich zu anderen Kirchgemeinden besonders hervortritt.

Strategie: Die langfristige Ausrichtung einer Organisation. Die Strategie legt die wesentlichen Absichten, Ziele, Mittel und Wege fest. Beim vorliegenden Ansatz handelt es sich um die Grundstrategie (Leitbild) und die Teilstrategien für die jeweiligen Bereiche.

SWOT-Analyse: Als Grundlage für die Strategien-Entwicklung werden festgehalten: Stärken (*Strengths*), Schwächen (*Weaknesses*), Chancen (*Opportunities*) und Gefahren (*Threats*).

Teilstrategien: Sie sind die langfristigen strategischen Absichten mit ihren Legislaturzielen und Massnahmen für die einzelnen Bereiche wie Gottesdienste, Katechese, Diakonie, Finanzen, Personal, Bauten/Liegenschaften.

Vision: Beschreibung dessen, was eine Kirchgemeinde langfristig erreichen möchte («Die Mission beschreibt, worin ein Unternehmen seinen Auftrag in der Gesellschaft sieht.»[27]). Der Begriff Vision wird in der Literatur teilweise unterschiedlich und widersprüchlich definiert. Roman Lombriser und Peter A. Aplanalp sprechen von einem Durcheinander von Werten, Zielen, Absichten, Strategien und Beschreibungen.[28]

Werte: In diesem Leitfaden stehen sie für Kriterien des Wichtigen bzw. Unwichtigen.

---

27 Haake u. a. 2020, S. 190.

28 Lombriser/Aplanalp 2018, S. 244.

Übersicht der Downloads

Auf der Webseite des Verlags stehen Ihnen die folgenden Vorlagen zum Download zur Verfügung. Die Word-Dateien können inhaltlich so bearbeitet werden, dass sie dem jeweiligen Bedarf bestmöglich entsprechen. Die Downloads *G Detaillierte Entscheidtabelle* und *H Einfache Entscheidtabelle* stehen als Textdatei und als Excel-Datei bereit.

https://www.tvz-verlag.ch/buch/strategieentwicklung-fuer-kirchgemeinden-9783290202736/?page_id=2

A Checkliste zur Analyse des relevanten Umfelds
B Checkliste zur Analyse der eigenen Kirchgemeinde
C Checkliste Vertieftes Erkennen von Chancen und Gefahren
D Erkenntnisse und Folgerungen aus der Situationsanalyse («wichig», «dringlich»)
E Die Grundstrategie (Leitbild)
F Die Teilstrategien – Ausformulieren der wesentlichen Absichten für die nächsten vier Jahre
G Detaillierte Entscheidtabelle
H Einfache Entscheidtabelle
I Legislaturziele
J Jahresziele

A Checkliste zur Analyse des relevanten Umfelds

Vorlage zur eigenen Bearbeitung der Tabelle 1 im Abschnitt 3.5.2

Kriterien	Entwicklungen (Trends)	Chance oder Gefahr?
Internationales Umfeld		
Öffentliche Hand, politische Situation		
Kirche		
Gesellschaftliche Situation		
Welche Bedürfnisse ergeben sich für die Kirche?		
Medien		
Weitere Kriterien		

Quelle: Hans Hollenstein, Strategieentwicklung für Kirchgemeinden. Ein Leitfaden, Zürich: Edition NZN bei TVZ, 2026, Tabelle 1 bei 3.5.2.

B Checkliste zur Analyse der eigenen Kirchgemeinde

Vorlage zur eigenen Bearbeitung der Tabelle 2 im Abschnitt 3.6.2

Kriterien	Stärke	Neutral	Schwäche/Herausforderungen
Bisherige strategische Ausrichtung • • •			
Unsere Angebote • • •			
Unsere Kirchgemeinde • • •			
Personelles • • •			
Freiwilligenarbeit • • •			

Quelle: Hans Hollenstein, Strategieentwicklung für Kirchgemeinden. Ein Leitfaden, Zürich: Edition NZN bei TVZ, 2026, Tabelle 2 bei 3.6.2.

C Checkliste Vertieftes Erkennen von Chancen und Gefahren

Vorlage zur eigenen Bearbeitung der Tabelle 3 im Abschnitt 3.7

Aufgaben, Funktionen	wesentliche Umfeldentwicklungen (Trends)	eigene Stärken eigene Schwächen	relevante Chancen relevante Gefahren	Folgerungen

Quelle: Hans Hollenstein, Strategieentwicklung für Kirchgemeinden. Ein Leitfaden, Zürich: Edition NZN bei TVZ, 2026, Tabelle 3 bei 3.7.

D Erkenntnisse und Folgerungen aus der Situationsanalyse («wichtig», «dringlich»)

Vorlage zur eigenen Bearbeitung, siehe Abschnitt 3.8

	wichtig	weniger wichtig	dringlich	weniger dringlich

Quelle: Hans Hollenstein, Strategieentwicklung für Kirchgemeinden. Ein Leitfaden, Zürich: Edition NZN bei TVZ, 2026, bei 3.8.

Zur Vorgehensweise:
In der Tabelle[1] werden sämtliche Erkenntnisse und Folgerungen niedergeschrieben, die sich aus der Situationsanalyse ergeben. Dann werden sie priorisiert, indem jeweils angekreuzt wird, was für wichtig/weniger wichtig und für dringlich/weniger dringlich gehalten wird. Es ist empfehlenswert, alle Ziele deutlich zu markieren, die sowohl als «wichtig» als auch als «dringlich» beurteilt werden.

1 Tabelle D orientiert sich an der *Eisenhower-Matrix*, benannt nach dem US-amerikanischen Präsidenten Dwight D. Eisenhower (1890–1969). Sie gilt als Instrument zum Zeitmanagement und zur Priorisierung. Weiterführendes bei URL: https://www.orghandbuch.de/Webs/OHB/DE/Organisationshandbuch NEU/4_MethodenUndTechniken/Methoden_A_bis_Z/Eisenhower_Matrix/Eisenhower_Matrix_node.html.

E Die Grundstrategie (Leitbild)

Vorlage zur eigenen Bearbeitung, siehe Abschnitt 4.2

Unsere Vision	
Unsere Werte	
Unsere besonderen Stärken	
Generelle Absichten	

Quelle: Hans Hollenstein, Strategieentwicklung für Kirchgemeinden. Ein Leitfaden, Zürich: Edition NZN bei TVZ, 2026, bei 4.2.

F Die Teilstrategien – Ausformulieren der wesentlichen Absichten für die nächsten 4 Jahre

Vorlage zur eigenen Bearbeitung, siehe Abschnitt 4.3

Gottesdienste, Liturgie	
Verkündigung, Katechese	
Diakonie, Seelsorge	
Gemeinschaft, Begegnung, Ökumene	
Gruppierungen	
Kirchenmusik	

Quelle: Hans Hollenstein, Strategieentwicklung für Kirchgemeinden. Ein Leitfaden, Zürich: Edition NZN bei TVZ, 2026, bei 4.3.

G Detaillierte Entscheidtabelle

Vorlage zur eigenen Bearbeitung der Tabelle 4 im Abschnitt 4.5.1

Kriterium	Gewichtung G = 1–10 Punkte	Erfüllungsgrad Variante A P = 1–10 Punkte	Ergebnis Variante A Punkte G × P	Erfüllungsgrad Variante B P = 1–10 Punkte	Ergebnis Variante B Punkte G × P
Gewährleistung des kirchlichen Auftrags Liturgie, Verkündigung, Katechese, Seelsorge					
Gewährleistung des gesellschaftlichen Auftrags Soziales, Gemeinschaft, Begegnung, Diakonie					
Finanzielle Folgen					
Personelle Folgen					
Realisierbarkeit Akzeptanz, Anpassungsaufwand					
TOTAL GEWICHTETE PUNKTE					

Quelle: Hans Hollenstein, Strategieentwicklung für Kirchgemeinden. Ein Leitfaden, Zürich: Edition NZN bei TVZ, 2026, Tabelle 4 bei 4.5.1.

Als Download stehen eine Exceltabelle mit Multiplikations- und Additionsfunktion sowie eine einfache Word-Datei zur Verfügung.

H Einfache Entscheidtabelle

Vorlage zur eigenen Bearbeitung der Tabelle 5 im Abschnitt 4.5.2

Kriterium	Variante A 1–6 Punkte	Variante B 1–6 Punkte
Gewährleistung des kirchlichen Auftrags Liturgie, Verkündigung, Katechese, Seelsorge		
Gewährleistung des gesellschaftlichen Auftrags Soziales, Gemeinschaft, Begegnung, Diakonie		
Finanzielle Folgen		
Personelle Folgen		
Realisierbarkeit Akzeptanz, Anpassungsaufwand		
Total gewichtete Punkte		

Quelle: Hans Hollenstein, Strategieentwicklung für Kirchgemeinden. Ein Leitfaden, Zürich: Edition NZN bei TVZ, 2026, Tabelle 5 bei 4.5.2.

Als Download stehen eine Exceltabelle mit Additionsfunktion und eine einfache Word-Datei zur Verfügung.

I Legislaturziele

Vorlage zur eigenen Bearbeitung der Tabelle 6 im Abschnitt 5.1

Massnahmen	zuständig	2027	2028	2029	2030
Gottesdienste, Liturgie					
Verkündigung, Katechese					
Diakonie und Seelsorge					
Gemeinschaft, Begegnung					
Ökumene					
Personal					
Bauten, Liegenschaften					
Finanzen					
Informatik					
Marketing, Kommunikation					
Verwaltung					

Quelle: Hans Hollenstein, Strategieentwicklung für Kirchgemeinden. Ein Leitfaden, Zürich: Edition NZN bei TVZ, 2026, Tabelle 6 bei 5.1.

J Jahresziele

Vorlage zur eigenen Bearbeitung der Tabelle 7 im Abschnitt 5.2

Jahresziele für das Jahr 20____ **Bereich:** ________________________________

Ziel	Massnahme	Termin	Zuständigkeit
	• • •		• • •
	• • •		• • •
	• • •		• • •
	• • •		• • •
	• • •		• • •

Quelle: Hans Hollenstein, Strategieentwicklung für Kirchgemeinden. Ein Leitfaden, Zürich: Edition NZN bei TVZ, 2026, Tabelle 7 bei 5.2.

Literaturverzeichnis

BEA, Franz Xaver; HAAS Jürgen: Strategisches Management, Konstanz/München [9]2017.

BERNER, Hans: Art. Kirchgemeinde, in: Historisches Lexikon der Schweiz, Version vom 20.5.2010, URL: https://hls-dhs-dss.ch/de/articles/010263/2010-05-20/.

CAMENZIND, Alois; FUEGLISTALLER Urs: Strategisches Denken in KMU und die Lehre von Clausewitz, Zürich 2014.

CHANDLER, Alfred D.: Strategy and structure. Chapters in the history of the industrial enterprise, Cambridge MA 1962.

GASSMANN, Oliver; FRANKENBERGER, Karoline; CHOUDURY, Michaela: Geschäftsmodelle entwickeln. 55+ innovative Konzepte mit dem St. Galler Business Model Navigator, München [3]2021.

GOETHE, Johann Wolfgang von: Faust der Tragödie Erster Teil, in: Goethes Werke. Dritter Band, hg. v. Ernst Merian-Genaust, Basel 1944.

GRÜNIG, Rudolf; KÜHN, Richard: Methodik der strategischen Planung. Ein prozessorientierter Ansatz für Strategieplanungsprojekte, Bern/Stuttgart/Wien 2000 ([6]2011).

HAAKE, Klaus; RUSCH, Josef; SEILER, Willi; SELINER, Patrick: Strategie-Workshop. In fünf Schritten zur erfolgreichen Unternehmensstrategie, Stuttgart [4]2020.

HESSE, Hermann: Aus einem Brief vom September 1960 an Wilhelm Gundert, zitiert nach LINDENBERG, Udo (Hg.): Mein Hermann Hesse. Ein Lesebuch, Berlin 2008.

HINTERHUBER, Hans H.: Strategische Unternehmensführung, Band 1, Berlin u. a. 1992.

HOLLENSTEIN, Hans: Strategische Führung in der Verwaltung. Ein Leitfaden für die Legislaturplanung, Bern [2]2001.

KATHOLISCHE KIRCHE IM KANTON ZÜRICH, SYNODALRAT: Handbuch für die Kirchenpflege 2025.

Kirchenordnung der Römisch-katholischen Körperschaft des Kantons Zürich vom 29. Januar 2009, URL: http://www.zhlex.zh.ch/Erlass.html?Open&Ordnr=182.10.

KIRCHSCHLÄGER, Walter: Wie aus «Laien» Kirche wird. Als Getaufte gemeinsam auf dem Weg, Zürich 2022.

KOSCH, Daniel: Auf der Suche. Synodalität im Kontext der römisch-katholischen Kirche in der Schweiz, in: OTTIGER, Nicola; RITTER, André (Hg.): Synodale Kirche(n) und kirchliche Synodalität (Ökumene in Theorie und Praxis 15), Zürich 2024, S. 35–47.

KOSCH, Daniel: «Synodal ist mehr als dual». IR-Paper 5/April 2022, Universität Fribourg, Rechtswissenschaftliche Fakultät.

KOSCH, Daniel: Synodal und demokratisch. Katholische Kirchenreform in schweizerischen Kirchenstrukturen, Luzern 2023.

LOMBRISER, Roman; APLANALP, Peter A.: Strategisches Management, Zürich [7]2018.

MARQUARDT, Gernot: Kernkompetenzen als Basis der strategischen und organisationalen Unternehmensentwicklung, Wiesbaden 2003.

MÜLLER-STEVENS, Günter; LECHNER, Christoph: Strategisches Management. Wie strategische Initiativen zum Wandel führen, Stuttgart [5]2016.

PÜMPIN, Cuno; AMANN, Wolfgang: SEP, Strategische Erfolgspositionen. Kernkompetenzen aufbauen und umsetzen, Bern/Stuttgart/Wien 2005.

PÜMPIN, Cuno: Strategische Führung in der Unternehmenspraxis, Bern 1980.

RHEINBERG, Falko; VOLLMEYER, Regina: Motivation, Stuttgart [9]2019.

RUF, Norbert: Das Recht der katholischen Kirche nach dem neuen Codex Iuris Canonici für die Praxis erläutert, Freiburg i. Br. [4]1983.

STAHEL, Albert A.: Klassiker der Strategie – eine Bewertung (Strategie und Konfliktforschung), Zürich ³2003.

STETTER-KARP, Irme: Vor Risiken und Nebenwirkungen wird gewarnt. Warum die Bezeichnung «Systemische Ursachen» des sexuellen Missbrauchs folgenreich ist, in: OTTIGER, Nicola; RITTER, André (Hg.): Synodale Kirche(n) und kirchliche Synodalität (Ökumene in Theorie und Praxis 15), Zürich 2024, S. 59–68.

STUBER, Reto: Planstudie 15000, Internes Arbeitspapier Kirchenpflege Winterthur, 2024.

WEINHOLD-STÜNZI, Heinz: Marketing in 20 Lektionen. Studienausgabe, basierend auf der 24. Auflage, Berneck 1999.

WHITTINGTON, Richard; REGNÉR, Patrick; ANGWIN, Duncan; JOHNSON, Gerry; SCHOLES, Kevan: Strategisches Management. Eine Einführung, München ¹²2021.

WILHELM, Monika; BACHMANN, Matthias: Gemeindeentwicklung in 7 Tagen. Geschichten, Tools, Methoden. Herausgegeben von der Evangelisch-reformierten Landeskirche des Kantons Zürich, Zürich 2021.

Autor

Hans Hollenstein, Kaufmännische Lehre, Höhere Wirtschafts- und Verwaltungsschule HWV, Studium der Betriebswirtschaft, Psychologie und Soziologie an der Universität Bern. Assistent an der Universität St. Gallen, Promotion zum Dr. rer. pol. an der Universität Bern. Tätigkeit in einem Dienstleistungsunternehmen. Anschliessend vollamtlicher Stadtrat in Winterthur. Als Regierungsrat Mitglied der Zürcher Exekutive und Vizepräsident der Konferenz der kantonalen Sozialdirektorinnen und Sozialdirektoren SODK. Danach Präsident der Eidgenössischen Postaufsichtsbehörde PostCom. Präsident der Stiftung Solidarität mit der Welt SDW, Präsident der Römisch-Katholischen Kirchenpflege Winterthur.

Hersteller:
TVZ Theologischer Verlag Zürich AG
Schaffhauserstr. 316, CH-8050 Zürich
info@tvz-verlag.ch

Verantwortlicher in der EU gemäss GPSR:
Brockhaus Kommissionsgeschäft GmbH
Kreidlerstr. 9, D-70806 Kornwestheim
info@brocom.de

Weitere Informationen bezüglich Produktsicherheit finden Sie unter:
www.tvz-verlag.ch/produktsicherheit.